# 浙学胜地明招山碑刻题跋作品集

武义县文物保护管理所
武义县博物馆
武义县书法家协会
编

邵路程 主编

西泠印社出版社

图书在版编目（CIP）数据

仁山 : 浙学胜地明招山碑刻题跋作品集 / 武义县文物保护管理所，武义县博物馆，武义县书法家协会编 ; 邵路程主编. -- 杭州 : 西泠印社出版社，2024.5
ISBN 978-7-5508-4496-4

Ⅰ. ①仁… Ⅱ. ①武… ②武… ③武… ④邵… Ⅲ. ①碑刻—汇编—武义县 Ⅳ. ①K877.42

中国国家版本馆CIP数据核字(2024)第099412号

**仁山：浙学胜地明招山碑刻题跋作品集**

武义县文物保护管理所
武义县博物馆 编 邵路程 主编
武义县书法家协会

**整体策划** 杭州朝彻文化创意有限责任公司
**责任编辑** 陶铁其
**责任出版** 冯斌强
**责任校对** 曹 卓
**装帧设计** 杭州朝彻文化创意有限责任公司
**出版发行** 西泠印社出版社
（杭州市西湖文化广场32号5楼 邮政编码 310014）
**经　　销** 全国新华书店
**制　　版** 杭州真凯文化艺术有限公司
**印　　刷** 浙江海虹彩色印务有限公司
**开　　本** 889mm×1194mm 1/16
**字　　数** 300千
**印　　张** 12.75
**印　　数** 0001—1600
**书　　号** ISBN 978-7-5508-4496-4
**版　　次** 2024年5月第1版 第1次印刷
**定　　价** 180.00元



西泠印社出版社发行部联系方式：（0571）87243079

# 一座山的高度

（代序）

明招山不大，也不高，在我国众多山峰中，只能说是默默无闻。

刘禹锡在《陋室铭》中说："山不在高，有仙则名。"其实能够为山增添名声的，又何止仙人。天下山川，一经名家品题，也会身价倍增。

明招山何其有幸，它本是武义县城东北方的一座普通小山，但宋代大儒吕祖谦庐墓山中，讲学于斯，则为其增添了思想的高度。

乾道三年（1167）正月，吕祖谦葬母曾氏于明招山。其年冬，学子来明招山从学。于是，朗朗书声在明招山飘荡开来。至次年秋，先生自明招归城，授业曹家巷，明招山的讲学之风，方才稍辍。但明招山，已经随着一批批学子的称道，远播人耳。乾道八年（1172），吕祖谦葬父吕大器于明招山。此后至淳熙三年（1176），吕祖谦居住、往来明招之日多。

可以说，明招山因吕祖谦的居停，而一时闻名遐迩。即如著名学者叶适，后来也曾在《月谷》诗中说："忆昔东莱吕太史，秋夜共住明招山。"可见那一段山居岁月，也曾为叶适提供思想之启发。

关于吕祖谦的学行，朱熹曾经在《画像赞》中评价："以一身而备四气之和，以一心而涵千古之秘。推其有，足以尊主而庇民；出其余，足以立教而垂世。"朱熹的评价，可谓推崇备至。而就吕祖谦的学问而言，似乎可将他比作一座蓄水池：上千年的学问传承，他皆兼容并蓄，如《读诗记》采择前人诗说，《大事记》赓续《左传》《史记》，即此类；而后世学者，又有取法于氏著，若《古文关键》《东莱博议》的受尊于后世者，即其类。

因了吕祖谦，明招山在中国学术史上留下了厚重的一笔。

对先贤之纪念，对先贤思想之介绍，有时需要创造一些外在的条件。2023年秋，“仁山——浙学胜地明招山”展览在武义县博物馆开展。“仁山”之名，一因展品中有一石刻，即“仁山”二字，一因吕祖谦说：“仁者，天下之正理也。”所以我们选此二字为展览命名。

这个展览，选取与吕祖谦家族，与宋代浙学，甚至与武义当地相关的碑刻39方，邀请书法家、学者进行题跋，再加以展示。为了使得整个展览更具学术性，还通过展板的形式，梳理了吕祖谦的交游、弟子，以及宋代婺州学派、永康学派、永嘉学派的主要思想。

围绕一群人，围绕一座小山来策划一个展览，似乎有些小题大作。但对吕祖谦，这样的动作是有益的。吕祖谦与朱熹、张栻并称“东南三贤”，在当时的学者中，他以广博之识见，宽容之胸怀，在各学派间扮演着调停者的角色。但当今学界对于吕祖谦的研究，比起朱熹来，无疑落寞得多；而普通人对吕祖谦的了解，更是微乎其微。所以，我们希望通过这个展览，让普通人对吕祖谦，对其学术思想，增加一些亲近感。

这本书，可算是对“仁山”展览的总结。本书在编排上，分为研究篇和题跋释文篇。研究篇收录的六篇文章，或关注吕祖谦与明招山之关系，或考释与本次展览相关联的文物，或探寻当下金石题跋展之意义，或记录展览之策划思路，等等，从不同侧面丰富了对“仁山”展览的认识。此次收录的文章，有些曾经在别的刊物和平台上发表过，本次收录时，仅仅作了必要的文字校订，而对于文章之格式，如是否使用注释等，则一仍其旧，不强行统一。题跋释文篇则将所有碑拓题跋作品，按照展览顺序进行排列，并将所有碑刻和题跋做出释文，以便阅读。题跋释文篇部分收录的拓片，除《宋叶适墓志》《宋薛良朋墓志》《宋沈枢仙岩题记并诗》已经注明藏地外，其余拓片均藏于武义县博物馆，不再一一出注。而对于原石藏地，则予以著录，以便学界研究时能有所依凭。

未来，我们希望能够有更多关于明招，关于吕祖谦及他的友朋们的好展览推出，也希望能够有更多相关图书的出版。

《仁山》编辑委员会

# 目录

## 研究篇

吕祖谦与明招山…… 郑嘉励 2
武义出土南宋徐谓礼文书书手考…… 方爱龙 邵路程 8
由明招山碑刻想开去…… 吴建明 12
重回“明招讲院”…… 朱跃军 15
何为仁山？从武义明招山和一群人的故事说起…… 马 黎 19
“仁山”：一个思想家与金石整合策展的案例…… 邵路程 胡 城 李 林 28

## 题跋释文篇

广大为心，践履为实……32
仁山……34
仁山石刻……35
宋吕好问圹志……37
宋吕弸中圹志……41
宋吕弸中继室文氏圹志……45
宋吕大器圹志……49
宋吕大器妻曾氏圹志……53
宋吕大伦继室程氏圹志……57
宋吕祖谦妻韩氏圹志……61
宋吕祖俭圹志……65
宋吕荣年圹志……69
宋陈充圹志……73
宋叶适墓志……77
宋薛良朋墓志……80

宋沈枢仙岩题记并诗……86
宋刘兖墓志铭……90
宋刘邦翰墓志铭……95
宋刘觉墓志……100
宋刘三戒妻阮氏墓志……104
宋徐邦宪墓志……108
宋徐谓礼圹志……112
宋徐谓礼妻林氏圹志……116
宋马正已圹志……121
宋潘荣祖妻程氏墓铭……125
宋魏汉臣暨妻程氏圹志……129
宋延福寺铁钟铭……133
宋水帘亭摩崖……136
宋睦州学教授题名记……139
宋紫霄观重建记……144
宋陈亮像赞……148
宋鲁斋王公之墓碑……151
元吴直方坟记……154
元重修延福院记……158
明祭文碑……162
明儒学箴碑……166
清建造朱吕祠堂碑记……170
清重修吕墓并祠堂讲舍记……174
清重建吕成公祠碑记……178
清鳌峰书院碑……182
民国重建水帘亭记……186

附录一：吕祖谦与明招山的渊源……191
附录二：吕祖谦祠堂兴衰……191
附录三：武义宋元墓志刻工一览……192
参考文献……193
人名索引……194
“仁山——浙学胜地明招山”碑拓题跋展题写专家学者名单……195

# 研究篇

# 吕祖谦与明招山

郑嘉励

武义县城东的明招山，环境清幽，人文荟萃。相传东晋名士阮孚隐逸于此，舍宅为寺，是为明招寺；五代吴越国，德谦禅师住持明招寺期间，香火繁盛，明招山成为远近闻名的禅宗名山；宋室南渡后，东莱吕氏建家族墓地于此，大儒吕祖谦在此讲学，影响深远，这是明招山历史上最浓墨重彩的篇章。

吕祖谦与明招山的关系，可以分为三个层次的问题：明招山吕祖谦家族墓地的形成及其意义，是为考古学层面的研究；吕祖谦讲学与“明招文化”之生成，是为文化史层面的研究；明招山考古遗址公园建设与“浙学名山”品牌的塑造，是为文旅融合面向的策划性研究。

## 一、吕祖谦家族墓地的形成及其意义

吕祖谦出身北宋中原的世家大族——东莱吕氏。东莱吕氏乃“三世四相”的宰辅之家，吕祖谦七世祖吕夷简、六世祖吕公著、曾祖父吕好问，相继执政；东莱吕氏亦为著名的学术世家，《宋元学案》凡九十一学案，吕氏诸儒居三十一，四人更为学宗，即吕公著“范吕诸儒学案”、吕希哲“荥阳学案”、吕本中“紫薇学案”和吕祖谦“东莱学案”。南宋乾道、淳熙年间，吕祖谦与朱熹、张栻并称“东南三贤”，同为南宋最有影响力的学者。

中原的北宋士大夫家族，有营造家族墓地的传统。北宋天禧年间，吕夷简置家族墓地于郑州新郑神崧里，迁祖吕龟祥、父吕蒙亨的灵柩于其中。庆历四年（1044），吕夷简卒，亦葬该处。此后，吕氏诸子孙如吕公著、吕希哲等皆祔。宋室南渡前夕，神崧里墓地以“五音昭穆贯鱼葬”的原则规划而成，已形成八代人聚葬的大型家族墓地，连吕祖谦曾祖父吕好问、祖父吕弸中等人寿穴均已排定。

南渡后，随着东莱吕氏南迁，神崧里墓地渐告废弃。绍兴元年（1131），吕好问在流亡中，卒于广西桂林，并槁葬于当地，冀望将来归葬中原。绍兴五年（1135），宋金战事稍定，吕氏子孙陆续内迁。吕好问长子吕本中，寓居信州（今江西上饶）；次子吕弸中，即吕祖谦祖父，寓居婺州（今浙江金华）；三子吕用中，居绍兴；四子吕忱中，居住地不详，或在衢州、婺州一带。四大房派的家族成员中，并无人定居武义县，距离明招山最近的婺州，亦在百里之外。（图1）

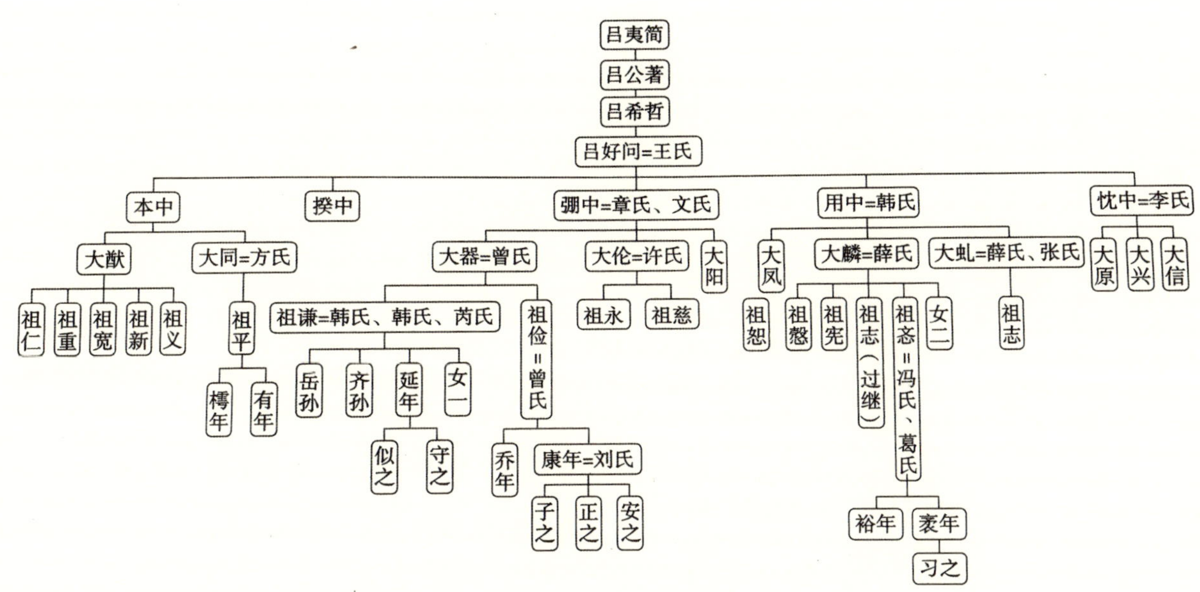


注：
1. 吕梦奇—吕龟祥—吕蒙亨—吕夷简。吕夷简共有五子：公绰、公弼、公著、公孺、公餗。五大房各有世系，此处仅列出与吕祖谦曾祖父吕好问一支相关的世系，为避免繁冗，北宋以前只做成“一系单传”的模式。
2. 该世系参考吕祖谦《东莱公家传》、明招山出土墓志、溧阳《棠阴吕氏宗谱》等。

图1　吕祖谦家族世系表

宁波天一阁博物馆藏民国《（鄞县）木皋吕氏宗谱》收录吕大麟撰《婺州武义县来苏乡明招山吕氏坟域图志》一文，记述淳熙元年（1174）以前明招山墓地的形成过程甚详，综合考察明招山出土的吕好问、吕弸中、吕大器、吕祖谦妻前韩氏、吕祖俭、吕宜之等人墓志，可将明招山墓地的形成过程，简述如下。

绍兴十六年（1146），吕弸中卒于次子吕大伦的武义县丞官舍，由于不克归葬中原，遂临时葬于明招山，这是吕氏家族入葬明招山的第一人。据出土的《宋吕弸中圹志》，可知当时并无将明招山作为永久性葬地的规划。

绍兴二十三年（1153），吕用中将吕好问棺柩自桂林迁来，成为明招山的祖坟，并正式改葬吕弸中，明招山吕氏家族墓地自此初具雏形。绍兴三十一年（1161），朝廷赐惠安院（明招寺）为吕好问功德坟寺，则是吕氏家族墓地真正形成的标志。由此亦可推知，在南宋时期，明招寺是吕氏家族墓地的重要组成部分，吕祖谦山居期间的起居与讲学活动，或发生于此。

需要说明的是，吕本中早在绍兴十五年（1145）七月卒于信州，当时明招山墓地尚未形成，吕本中犹如其他南渡士大夫“各适所寓之地而安厝焉”，葬于寓居地信州上饶县明远乡德源山。淳熙三年（1176），随着吕本中子吕大同妻方氏迁葬明招山，信州大房支成员也融入明招山墓地。

吕祖谦生母曾氏卒于乾道二年（1166）十一月，次年正月下葬；吕祖谦父吕大器卒于乾道八年（1172）七月，同年五月下葬；吕祖谦卒于淳熙八年（1181）七月，同年十月下葬。在此之前，吕祖谦的三任妻子前后韩氏、芮氏，均已葬入明招山。

吕氏子孙生前分散四出，但不分房派，自吕好问第一代成员，至吕弸中、用中、忱中“中”字辈，吕大器、大伦“大”字辈，吕祖谦、祖俭“祖”字辈，吕乔年、延年“年”字辈，凡五代家族成员（包括少数“之”字辈第六代成员在内），从南宋初至元代，悉数聚葬于此。据明人阮元声编《宋东莱吕成公外录》载，明招山有“坟九十六处”，是江南

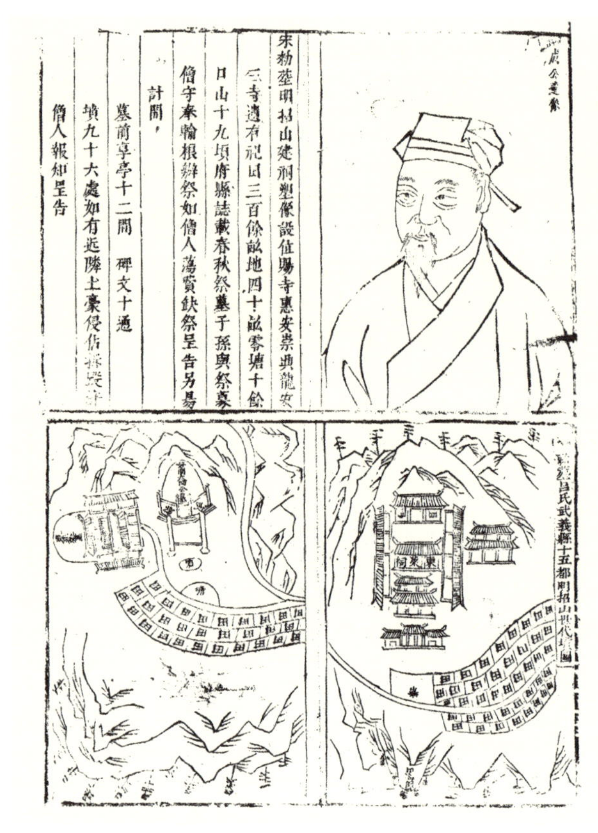

图2　明招山坟图

宋吕好问圹志

图3　宋吕好问圹志

地区规模空前的大型家族墓地（图2、图3）。

吕氏子孙，不分房派，悉数聚葬明招山，绝不可能是集体无意识的行为，而是体现了中原故家大族在徙居地建设家族墓地的良苦用心。把家族墓地建设成“聚族”的载体，符合吕祖谦等人所标榜的儒家价值观念。

那么，明招山吕祖谦家族的墓地形态如何？

2014年，经过浙江省文物考古研究所调查，目前已确定“祖坟”吕好问墓、第二代“中”字辈全部成员，第三、第四、第五代部分成员墓葬30余座。墓地以功德坟寺惠安院（明招寺）为中心，相对集中分布于四个区域：大坑、小坑、沈宅岭头、明招寺东山。其中以大坑最重要，为吕好问、弸中、大器、大麟、祖谦等人坟墓所在；小坑，据出土《宋吕荣年圹志》等判断，除吕忱中墓外，可能有较多“年”字辈成员埋葬于此；沈宅岭头，有吕用中、大伦等人坟墓；明招寺东山，第六代家族成员吕宜之的圹志出土于此。这四个区域分属彼此互不相望的山坳（图4）。但是，明招山吕祖谦家族墓地合葬人员多、延续时间长，对家族成员具有极强的向心力。

由于中原世家大族的文化背景，明招山家族墓地的影响力和示范效应，引起了南宋方大琮等士大夫的称赞和效仿，认为明招山吕祖谦家族墓地是取法于儒家经典《周礼》的昭穆葬，可以为世人之楷模。

对今天而言，明招山既为吕祖谦坟墓所在，也是吕祖谦的讲学之地，是今人纪念吕祖谦和传承吕祖谦学术精神的圣地，可以明招山为中心打造“浙学”文化高地，犹如福建建阳以唐石大松谷朱熹墓为中心建设“朱熹园”，并将其打造成世人缅怀朱熹和传承朱子学术的文化高地。

图4　武义明招山南宋吕祖谦家族墓地墓葬分布图

## 二、吕祖谦讲学与“明招文化”之生成

吕祖谦，隆兴元年（1163）四月中博学宏词科，继而又中进士第，历任严州学教授，后以太学博士兼国史院编修官和实录院检讨官，乾道八年（1172）任秘书省正字主持礼部考试。吕祖谦的科举成就及其长期的学官、考官、史官履历，使他在举子和士人群体中拥有极高声望。

吕祖谦为人宽厚，博学多识，主张明理躬行，学以致用，主要著作有《东莱集》《历代制度详说》《东莱博议》《近思录》等，他所开创的“婺学”在儒学史上占有重要一席。淳熙八年（1181）卒，享年45岁。宋宁宗时追谥为“成”。嘉熙二年（1238）改谥“忠亮”，追封开封伯。景定二年（1261），配享孔庙。

按宋代的丧服制度，父亲亡故，孝子为先父服“斩衰”三年（即丁忧两年零七个月）；母丧，孝子服“齐衰”三年；又，吕祖谦的三任妻子均先于吕氏逝世。所以，吕祖谦中进士第以后，在他学术思想的成熟期，有很长一段时间生活在明招山。

尤其在乾道二年（1166）十一月至次年，吕祖谦丁母忧期间，在明招山讲学，影响极大，正如《宋史·吕祖谦传》所言“丁内艰，居明招山，四方之士争趋之”。吕祖谦对儒家经典和举业的教育有独到心得，他重视理想人格塑造，通过讲学启发学生的道德自觉，曾手订规约，规定“凡与此学者，以讲求经旨、明理躬行为本。肄业必有常，日记所习于簿，多寡随意”，“凡有所疑，专置册记录，同志异时相会，出所习及所疑，互相商榷”。同时，他强调“涵泳义理日用间”，主张学以致用，即在日常生活中巩固和体会知识。

乾道九年（1173）吕大器卒，吕祖谦在明招山服丧，诸生闻风而至，又重新集结于门下，前后达三百人之多。但是，陆九渊对吕祖谦丧中讲学颇有异词，以为这将损害“纯孝之心”，劝其遣散学生。汪应辰也来信希望吕祖谦在哀苦之余，不必再为讲学耗费精力。吕祖谦听从了友人的建议，但又感到“四方士子已经聚成规模，难以突然遣散”，因此将讲学活动坚持到了年底。淳熙元年（1174）初，吕祖谦遣散所有学生，独居明招山，静心守墓和治学。

在明招山讲学期间，吕祖谦曾编著《东莱博议》，选《左传》文168篇，以作为指导考生赴试科场的范文，在传统时代，《东莱博议》流传极广，堪称明清时文之先声。婺州各县尤其是武义本地士子，在吕祖谦的教诲之下，武义泉溪刘氏、巩宅巩氏家族在稍后都取得很大的科举成就。所谓“武川之人士多被其教”，南宋时期，武义及其附近地区，进士辈出，文化面貌由此大为改观，乃拜吕祖谦明招山讲学之流风遗韵所赐。

遗憾的是，吕祖谦享寿不永，家庭生活也不幸，三任妻子先其而亡，此前又经历父母的相继死亡。吕祖谦拖着病弱之躯，勤奋讲学、著述，并与全国各地的学者广泛交游、切磋学问，实在是伟大的学者。近代学者何炳松感慨道：“以吕祖谦这样的天才，壮年而逝，真是中国学术不可弥补的损失。”

山居时期，“永康学派”代表人物陈亮，“永嘉学派”之集大成者叶适，曾来明招山与吕祖谦一起论学。吕祖谦学说奉行“讲实理、育实才、求实用”的理念，陈亮主张义利并重的“事功之学”，叶适讲求功利的“经制之学”，三人具有接近的价值取向。唯吕祖谦辈分高、人格魅力突出，学术影响力超群，被公认为“浙学”领袖。全祖望《宋元学案》称“小东莱（吕祖谦）之学，平心易气，不欲逞口舌以与诸公角，大约在陶铸同类以渐化其偏，宰相之量也”，表明吕祖谦最具学界领袖的气质。

因为吕祖谦生活于此、讲学于此、著述于此、论道于此、葬身于此，吕祖谦、陈亮、叶适“浙学三巨人”相会于此，明招山是实至名归的缅怀吕祖谦之圣地，具有重要的文化象征意义——明招山是武义的历史文化高地，南宋“浙学”思想学术的文化高地，这正是今天所谓“明招文化”的核心内涵。

## 三、“宋韵文化传世工程”背景下的“浙学名山”概念打造

2021年8月31日，浙江省委召开文化工作会议，强调宋韵文化是具有中国气派和浙江辨识度的重要文化标识。会议提出实施“宋韵文化传世工程”，整体推进南宋皇城遗址综合保护，系统开展宋韵文化研究传承和南宋文化品牌塑造，从思想、制度、经济、社会、百姓生活、文学艺术、建筑、宗教等方面，展示多元包容、百工竞巧、追求卓越、风雅精致的宋韵文化气象。

宋韵文化传世工程的建设，首先需要讨论的是理论和实践问题：首先，什么是“宋韵”；其次在文旅融合的背景下，如何因地制宜建设“宋韵传世文化工程”。我曾经提出宋韵文化传世工程建设的八大主题框架，在此框架下，既能抓住宋代历史文化的主流，也能确保相关工作正确的价值导向。这“宋韵八条”依次为：一、浩然正气的爱国主义；二、以天下为己任的士大夫精神；三、经世致用的“浙学”思想；四、放眼天下的海外贸易；五、典雅敦厚的士大夫生活美学；六、丰富多元的市民生活；七、奠定后世审美范式的文学艺术；八、以三大发明为代表的科学技术。其中第三条“经世致用的‘浙学’思想”，与吕祖谦和“明招文化”密切相关。

毫无疑问，政府提出实施“宋韵文化传世工程”的文化工作战略，并不是号召大家坐在书斋中做学问，“宋韵”不只是学术概念，更是文化策划

概念；不只是理论概念，更是指导实践的概念。

宋韵，包括北宋和南宋的历史文化，尤其在南宋，浙江成为全国的政治、经济和文化中心。所谓“宋韵文化传世工程”，就是要求各地从本地的历史文化资源尤其是宋代历史文化资源中，提炼出具有正能量、能够有效提升民众生活品质的元素，因地制宜，讲好文物故事，讲好历史故事，策划出可落地、可形成产业、有效益的项目，实施有遗址、有展示、可见、可感、可传承的“宋韵文化传世工程”，让千年宋韵传承下去，在新时代流动起来。

总之，宋韵是文化策划的概念，而策划的前提是学者对本地历史文化资源的系统梳理和深入研究，讲好历史故事，讲好文物故事，让以文物为核心的历史文化资源在大地上活起来。各地的宋代文物资源，在“宋韵文化传世工程”建设中具有基础性的地位。

如何从武义的历史文化资源中找到最核心的资源和“破题”路径？对文物考古工作者而言，这是机遇，更是挑战。武义的宋代历史文化资源中，最具有辨识度的文化标识首先是吕祖谦与明招山，其次是武义县博物馆的“镇馆之宝”徐谓礼文书，而徐谓礼文书所代表的南宋地方文化和文官政治，在历史逻辑上，又在吕祖谦与“明招文化”的延长线上。简而言之，武义“宋韵文化传世工程”建设的最佳路径就是在明招山吕祖谦家族墓地考古遗址公园建设的基础上，为明招山注入核心的文化内涵。

吕祖谦作为“婺学”宗师，是陈亮、叶适、陈傅良等人共同服膺的学友和师长；婺学是以经世致用为主要特征的“浙学”之核心。吕祖谦是浙学最重要、最有代表性的学者。

如前所述，吕祖谦在其学术思想最成熟的年龄，有相当长的时间居住在明招山，他在明招山聚众讲学，深刻影响了武义及其附近地区的文化面貌，徐谓礼的生父“名儒”徐邦宪，也曾得吕氏亲炙（在文化传承的意义上，我们认为徐邦宪和徐谓礼文书可谓在“明招文化”的延长线上）。吕祖谦、陈亮、叶适相会于明招山，研讨学术。我们将明招山定义为“浙学名山”，可谓实至名归。

“从来名山胜地，必得人以共为不朽。”明招山既有东莱吕氏的家族墓地，更是吕祖谦埋骨所在，且不论家族墓地所见的世家大族的儒家伦理价值，明招山也是今人缅怀吕祖谦人格魅力和学术成就的圣地、代表“浙学”最高成就的文化标识——其策划的核心概念，可以简明概括为如下的逻辑线路：吕祖谦+明招山=浙学名山。

综上所述，以明招山吕祖谦家族墓地的“省级考古遗址公园”建设为依托，在考古和历史研究的基础上，围绕吕祖谦与“浙学名山”的品牌建设，策划“浙学博物馆”的内容定位和选址落地，力争形成“宋韵文化传世工程”建设的标志性成果，将明招山考古遗址公园打造成宋韵文化高原上的高峰。

郑嘉励，文旅部优秀专家，浙江省文物考古研究所副所长、研究馆员，主要从事浙江地区宋元考古、瓷窑址考古与研究。著有《浙江宋墓》《武义南宋徐谓礼文书》《读墓》《考古四记》等。

# 武义出土南宋徐谓礼文书书手考*

方爱龙　邵路程

根据包伟民教授等学者的整理与研究，现存徐谓礼文书凡计十五卷，都是录白（即抄录的复本），按内容可分为三大部分："录白告身"二卷，"录白敕黄"一卷，"录白印纸"十二卷。其中，"告身"为徐谓礼历任阶官之官告，"敕黄"为徐谓礼历任差遣之敕牒，"印纸"则完整记录了徐谓礼自嘉定十四年（1221）以承务郎任监临安府粮料院起，至淳祐十二年（1252）以朝散大夫知信州止，凡三十年期间为官业绩，也就是徐谓礼一生的"考核表格"。"录白印纸"约占全部文书内容的80%。尤为重要的是，这批文书完整记录了徐谓礼自任京官后历任的考课内容，包括各类保状、荐状、任满交割批书、任内功过记录等。如此完整记录一个官员任官考课的纸质文书，实乃存世宋代文献之首见。[1]

可以肯定的是，目前发现的这批徐谓礼文书是南宋录白书迹原件。但是《武义南宋徐谓礼文书》的主要整理者之一包伟民教授已经指出，因为这批录白文书各卷前后均未见"书铺系书"，所以它们应该未经书铺对读、系书，而是该官员"当时抄录仅仅为了自己留下复本"[2]。因此，有关徐谓礼文书的书手问题，引起了专家学者的关注与讨论。

我们非常认同包伟民教授提出的见解："现存文书在行款与字体方面，如提行、空格、字体大小等等，都相当严谨，估计系严格按照原件格式抄录，因此可以认为基本反映南宋时期官文书的原貌。"[3]而包教授在征求几位书法家的鉴定意见后，又提出了以下观点：

> 这些文书又是由谁、在什么时候抄录的呢？文书本身留给我们的信息相当少。据录白的笔调、结

---

* 原文发表于《中国书法》2013年第4期（总第240期），第166—167页。

[1] 有关徐谓礼文书的形制、基本内容等情况，可参见包伟民《前言：武义南宋徐谓礼文书概况及其学术价值》，见包伟民、郑嘉励编《武义南宋徐谓礼文书》，中华书局，2012年。

[2] 包伟民：《前言：武义南宋徐谓礼文书概况及其学术价值》，见《武义南宋徐谓礼文书》，第8页。

[3] 包伟民：《前言：武义南宋徐谓礼文书概况及其学术价值》，见《武义南宋徐谓礼文书》，第8页。

构、用笔方法判断，它们出自一人之手，但不是抄录于同一时间，而是几次录白，因此前后略有差异。又从文书的内容判断，估计它们应当是在淳祐十二年六月以后抄录的。再考虑到徐谓礼当时的身体状况，看来由他身边某位近身之人所抄录的可能性较大……[1]

在上述观点中，我们认同“它们出自一人之手，但不是抄录于同一时间，而是几次录白，因此前后略有差异”的判断，但对其提出的“由他（徐谓礼）身边某位近身之人所抄录的可能性较大”和“估计它们应当是在淳祐十二年六月以后抄录的”两个初步判断观点，我们持谨慎的不同意见。

我们经过初步的观察与考证，认为：（一）徐谓礼文书应当是徐谓礼本人生前亲笔录白书迹；（二）“录白告身”“录白敕黄”“录白印纸”三部分，至少是分三个时间段各自集中抄录的，其中“录白印纸”十二卷可能在淳祐十二年六月以后抄录，而“录白告身”二卷与“录白敕黄”一卷则也存在录白于淳祐十二年之前的可能。

下面，我们把自己的考证意见与根据陈述如下。

## 一、徐谓礼撰《徐谓礼妻林氏圹志》当出其亲笔书丹，对我们考察徐谓礼文书的书手问题，起到基本参照物的作用

根据对徐谓礼墓的抢救性考古发掘所得，左墓室出土有《徐谓礼圹志》残石四块，经拼合仍见残损严重（见图1），宝祐二年（1254）入窆，末署“朝散郎直秘阁□□□知温州军州兼管内劝农事节制水军胡（下残）”；右墓室出土有《徐谓礼妻林氏圹志》一通，基本完整，横额篆题“有宋孺人林氏圹志”（见图2），淳祐八年（1248）入窆，见署“夫朝请郎新权知信州军州兼管内劝农营田事徐谓礼识”。

图1　徐谓礼圹志残石拓片，引自《武义南宋徐谓礼文书》第279页

图2　徐谓礼妻林氏圹志拓片，武义县博物馆提供

[1] 包伟民：《前言：武义南宋徐谓礼文书概况及其学术价值》，见《武义南宋徐谓礼文书》，第8页。

我们在此着重强调的是，《徐谓礼妻林氏圹志》为徐谓礼撰文，虽然未署书丹人名氏，然而按照两宋墓志（圹志）的通例，但凡志文单署撰文者名氏（兼署填讳者）的，其墓志的书丹者一般就是撰文者。因此，我们判定《徐谓礼妻林氏圹志》的书丹者也应该就是徐谓礼本人。

## 二、《徐谓礼妻林氏圹志》的书迹与徐谓礼文书中的“告身”二卷、“印纸”十二卷的录白者为同一书手

我们作出这一判断的主要依据，当然是书迹比勘。首先，“告身”和“印纸”两部分出自同一人录白，这相对容易判断，可以“告身”卷一（见图3·左）、“印纸”卷一（见图3·右）内容相同的书迹为例作出比勘。再次，以《徐谓礼妻林氏圹志》中倒数第二行所署徐谓礼结衔“朝请郎新权知信州军州兼管内劝农营田事（徐）”（见图4·左）为参照，我们从“录白印纸”卷十一找到相近一行文字“朝请郎宜差权知信州军州兼管内劝农营田事（徐）”（见图4·右），两相比较，可知其当出同一人所书。同样，我们还可从《徐谓礼妻林氏圹志》第九行中找到“符核平江百万仓，得所以欺弊之实”（见图5·左）数字，与“录白印纸”卷六中的一则相近文句“平江府百万东西两仓……委的有无欺弊”（见图5·右）作一比较，也可得出两者出自同一人所书的基本结论。

## 三、徐谓礼文书中的“敕黄”一卷的录白者与“告身”二卷、“印纸”十二卷的录白者为同一书手

判断的依据，同样是书迹比勘。需要说明的一点是，“录白敕黄”卷的书迹，其主体明显存在摹

图3 “告身”和“印纸”书迹比勘，分别引自《武义南宋徐谓礼文书》第8页、第56页

图4 《徐谓礼妻林氏圹志》和“印纸”书迹比勘，分别引自《武义南宋徐谓礼文书》第280页、第169页

图5 《徐谓礼妻林氏圹志》和“印纸”书迹比勘，分别引自《武义南宋徐谓礼文书》第280页、第104页

图6 从右到左依次选自“告身”“敕黄”“印纸”，分别引自《武义南宋徐谓礼文书》第14页、第48页、第125页

图7　从右到左依次选自“告身”“敕黄”“印纸”，分别引自《武义南宋徐谓礼文书》第14页、第41页、第102页

写官方所下文书原件（“尚书省牒”）的情形，因此貌似与“录白告身”“录白印纸”两部分差别较大，其实我们仍可找出三者之间的录写书迹一致性。例如，三部分中随处可见系年、职衔，字样、笔调、字迹相同相近者多多（见图6、7），这是书手日常性书写的惯常痕迹的表现。根据相应的书迹比勘，我们作出如上判断，也可大致确定。

## 四、文书中的“告身”“敕黄”“印纸”三部分之间所用纸张的差异性，为各自录白时间的相对独立性提供了辅助证据

我们注意到徐谓礼文书中的“告身”“敕黄”“印纸”三部分之间，不仅存在字迹之间总体笔调一致性下的某些差别，其中“告身”“印纸”之间的差别相对较小，而且三部分录白所用纸张的高度也存在差别：“告身”二卷的纸张高度均为36.5厘米，“敕黄”一卷的纸张高度为39.5厘米，“录白印纸”各卷的纸张高度均为36.1厘米。[1]因此，我们初步判断，徐谓礼文书三部分之间的录白时间相对独立，每部分录白时分别购买采用了一种纸型，所以应该是分三个相对独立的时间段各自集中抄录。

综上所述，我们认为徐谓礼文书出自徐谓礼本人亲笔录白，“告身”“敕黄”“印纸”三部分之间是分三个相对独立的时间段各自集中抄录。相对而言，“录白敕黄”的书写时间可能相对较早一些。

如果徐谓礼文书确是徐谓礼本人生前亲笔书迹，那么这批文书就是一种南宋晚期的一位中下级官员亲笔录白的一生历官的“人事档案”，其文物价值、史料价值自当更加珍贵。

当然，对“徐谓礼文书”的研究才刚刚开始，前期研究者也已经指出“仍有一些存疑之处”，例如，将一则敕黄残文误录于告身第二卷末尾；[2]“录白敕黄”一卷在内容上存在时序错乱现象；“录白印纸”第四六至五二这批书中，存在“文”字末笔作缺笔避讳的情况。[3]我们也期待这些问题能够早日得到更加合理的解释。

以上仅仅是我们目前非常有限的初步认识，不当之处，敬请方家批评指正。

方爱龙，中国书法家协会理事兼学术委员会副主任、杭州师范大学教授。著有《殷红绚彩——李叔同传》《书艺珍品赏析·陆游、范成大》，主编《中国书法全集·赵构、陆游、范成大、朱熹、张即之》卷等。

邵路程，武义县文物保护管理所所长、副研究馆员，中国书法家协会会员。

[1]　现存“徐谓礼文书”各卷的录白纸张的尺寸，参见包伟民《前言：武义南宋徐谓礼文书概况及其学术价值》附表三“文书尺寸”，见《武义南宋徐谓礼文书》，第6页。

[2]　敕黄残文图版，见《武义南宋徐谓礼文书》，第36页。相关解释可参见包伟民《前言：武义南宋徐谓礼文书概况及其学术价值》，见《武义南宋徐谓礼文书》，第7页。

[3]　以上三种情况，是包伟民《前言：武义南宋徐谓礼文书概况及其学术价值》一文所指出的“存疑之处”，见《武义南宋徐谓礼文书》，第8页。存在“文”字末笔作缺笔避讳情况的集中见于“录白印纸”卷八，分见《武义南宋徐谓礼文书》第129至134页（其中第133页又不作缺笔）。关于“文”字末笔作缺笔避讳的相关初步解释，可参见包伟民《前言：武义南宋徐谓礼文书概况及其学术价值》，见《武义南宋徐谓礼文书》，第8页。

# 由明招山碑刻想开去

吴建明

近年来，由于明招山，由于吕祖谦，无论学术界还是艺术界，均给予了“婺学”更多的关注，让这一理学层面的概念与当下有了多种形式的交集。

以宋代范浚为开端的“婺学”（也称“金华学派”），开婺州斯文之盛。至吕祖谦，与朱熹、张栻并称“东南三贤”，婺学始称大成。婺学调和朱、陆主张，倡心性与事功并重，主明理躬行，学以致用。后与“永嘉学派”一道，被视为“浙东学派”之先声。

东莱吕氏为世家大族，南渡以前，生活于河南新郑。南渡后，初颠沛流离，后则形成信州、婺州、绍兴几个聚居中心，而先祖之坟亦陆续迁葬于明招山。此后，武义明招山与南渡前的新郑神崧里被吕氏一族一并视为家族墓地。而吕祖谦丁忧期间在此的两度讲学，使明招山成为南宋理学的传播中心。一般而言，衡量一地之人文积淀，往往以科举功名为量化标准，吕氏归武义后的110年，出了进士34人，这很能说明问题。而吕祖谦讲学于丽泽堂（后为丽泽书院）期间，广邀名士学者，切磋交流，由此声名远播，本省及江西、福建、湖南学子纷纷来学，“一时士人倾心向往，道统学派灿然昌明，名儒蔚兴，踵武相接，天下称婺州为小邹鲁”。从学者有吕祖俭、吕祖泰、叶邽、楼昉、葛洪、乔行简、辅广、朱塾、吴必大、陈孔硕、沈有开、舒璘、倪千里、袁燮、宋濂等人，丽泽书院遂与岳麓、白鹿洞、象山并列为南宋“四大书院”。

四年前的初冬，笔者在路程、琳滨二友陪同下访明招寺（又名惠安院、智觉寺），当时为寺内陈列的墓志（圹志）之丰富所震惊。然因时间关系，未及细看，但如此体量的南宋碑刻遗存，不由让人对明招山、对吕氏一族及其婺学的关联性有了更多的遐想和期待。后来看了郑嘉励先生著的《浙江宋墓》与《读墓：南宋的墓葬与礼俗》，对以武义明招山为代表的浙中墓葬有了一个初步的了解。据郑先生统计，浙中出土宋代墓志104通（北宋9通、南宋95通），武义占43通（均为南宋），而在明招山出土了26通，可见明招山不负“仁山”二字。

2023年年底，路程兄来杭办事，其间有一叙，并发我年后拟出版《仁山：浙学胜地明招山碑刻题跋作品集》一书的电子稿，我读后对武义的历代代表性碑刻有了一个更为直观的认识。

从书名可以看出有关联性两个关键词：“婺学”

与“明招山”。婺学是文化现象，是学派；明招山则是地理名词或概念，两者之间本无多大关联，但由于明招山是南渡后吕氏家族的墓地及吕祖谦的讲学之所，两者之间有了重合。婺学以此为根基，发扬光大，明招山自东晋名士阮孚隐逸、吴越德谦禅师讲经后又一次为士人学者所瞩目，成为推动宋代理学发展的一个重要地标。而“仁山——浙学胜地明招山”碑拓题跋展的推出和《仁山：浙学胜地明招山碑刻题跋作品集》的出版则是对明招山千年前那一场文化现象的回应，是千年后的书家、学者用文字和书法的形式跨越时空与先人对话，表达对先人和理学的敬畏之心。

相较于展览，书（作品集）的传播逻辑是纵向的，它会在更长的时间内被关注和传阅，此外，还有文献学上的价值。因此，《仁山：浙学胜地明招山碑刻题跋作品集》的出版，尤有意义。

本书共收录墓志25通，碑记（赞、铭）13通，摩崖1通，合39通。其中南宋30通，元代2通，明代2通，清代4通，民国1通。除吕氏一门9通外，代表性的还有宋枢仙岩题记并诗、宋刘邦翰墓志铭、宋延福寺钟铭、吴直方圹记、陈亮像赞、叶适瓷墓志及宋水帘亭摩崖等作品。这宛如一条南宋流淌至今的历史之河，将生息繁衍于此的先人与自然、建筑、民俗、礼制汇总在一起，石头上的时间随着文字的演绎和风雨的侵蚀反而鲜活了起来。

无论墓志、碑记还是摩崖石刻，均为前人欲借石之不朽以传百世，然而原石不易见，得以广传，多藉拓本。有的原石不存，凭拓本以传后世者也不在少数，收入本书中的宋枢仙岩题记并诗、叶适瓷墓志作品，原刻或已逸失，或不宜传拓，拓本的价值尤为重要。然而在当下，单凭拓本来传达信息显然是单薄的。由武义县政府发起和实施，郑嘉励、方爱龙等专家襄助的“仁山——浙学胜地明招山”碑拓题跋展的推出和《仁山：浙学胜地明招山碑刻题跋作品集》的出版，无疑是一次很好的尝试，开了单项展综合呈现的先河。

邀请当代文博、史学和书法领域的名家对自宋以来系列碑刻拓本进行题跋，是本次活动的一大亮点，这既是对清代金石学风尚传统的一种延续与回顾，更是对先贤、先人乃至历史的一次追溯。原本冰冷的石头、文字和因岁月的侵蚀而形成的沧桑感通过不成层次的墨迹呈现出温度来。走近它，研究它，从字里行间和石花中感受千百年来作为个体生命的价值及其外延。诚然，在拓本上题跋前人早已做过，尤其对于金石学家来说，这是其研究方式和成果的一种体现，但系统性、集群式的以婺学核心人物家族墓志为主体的学术活动，还是很少见的。这不仅是组织者的一次拓展，也给题跋者一个新的思考角度，一种新的表达形式。

从本次活动邀请名家的结构看，有书坛名宿，有文博、金石学家，还有美术院校和专业社团的专家，看名单即知这是一次高水准的呈现。他们从事的专业虽均与金石、书法有关，但各有侧重。从题跋的角度和内容看，或简或繁，或引义理，或述世系，也有探究书风的，具有较强的互补性，形成了多视角的叙事方式和艺术形态。题跋共41则，其中行书25则，隶书5则、楷书6则，草书5则，从书体看，灵动、隽永、端庄、飘逸兼而有之，与拓本互相对应。这一超越时空的组合一旦密集呈现，无论从内容还是传播形式看，均有很强的可读性和视觉效果。

除了以上所述，它的外溢效应亦不容小觑。

首先从文字学角度看：《仁山：浙学胜地明招山碑刻题跋作品集》收录碑刻39通，每一通碑刻均以当时的文字规制反映墓主及其他对象，这些碑刻所传达出的信息是最为直接和可靠的，是研究文字和文本的第一手资料。同时，文字本身所反映出的文献、文学价值也非常可观。如《宋刘究墓志铭》《宋刘邦翰墓志铭》，字数在2000字左右，千字墓志也有不少。宋人的丧葬制度通过文字全面反映出来，行文雅正，叙事齐整，制度完备。观者通过阅读，结合题跋者的文字表达，互为对照，从而引起兴趣，加深对文字学的了解，提升综合素养。

再从礼制角度看：收入作品集中的每方石碑，所处时期不同，材质不同，还有地域和形制的差异，均反映出其独特性。丧葬制度和志、铭、赞、记的行文方式无不体现出所处时期的礼制（包括吏制、学制及建筑规范等），可供后人研究。我们通过观看展览或通读作品集，从文献角度切入，结合存世藏品，从中获得礼制在千年中的变与恒的信息，梳理出时代与制度的对应关系。

最后从传播学角度看：在数字信息时代，传统的、单一的传播模式往往事倍而功半。本次以“仁山”为精神引领、以婺学为依托、以多角度解读为着力点的综合性学术活动，线性联动，多面呈现，是符合当下传播学规律的。多平台、多视角、持续性的信息输出，其效应是传统传播模式所不能比拟的。这除了为“婺学在武义”这一文化概念的推动开了先河外，也从传播学角度为具备相应要素的地域之推广提供了一种新的思路和多种可能性。

在浙江，宋韵文化最具江南地域属性和辨识度，它已成为我省的重要文化标识。而婺学无疑是宋韵文化的重要组成部分。吕祖谦所主张的明理躬行、学以致用学术观点及奉行“讲实理、育实才、求实用”的理念，无论在当时还是当下，依然具有现实意义。明招山作为婺学的学术名山，它以佛、道文化为基调，通过吕祖谦的讲学和著述得以重构和提升，并由此注入了宋代理学的核心内涵。吕氏家族墓地和出土碑刻作为支撑婺学的重要实物依托，在学术研究和婺学理念传播上有着极为重要的意义。任何地域文化遗存的发生虽有一定程度的偶然性，但与当时的政治、文化、经济、伦理等制度存在更多的内在逻辑关系，故其不可被设计，更不可被复制。因此，明招山与吕氏一族、婺学的交集是历史必然，而后人对此最应做的是厘清其逻辑关系，挖掘和发现其在当下的意义。

“仁山”原石最初虽不知立于何地，但明招山的仁山形象和婺学的精神将深深印入武义乃至浙江的历史长河之中！

吴建明，中国美术家协会会员、中国民主同盟盟员、中国版权协会理事，擅中国画创作和艺术评论。先后任浙江画院研究员、民盟中央美术院浙江分院副院长、《中国画学刊》副主编。

# 重回“明招讲院”

朱跃军

在历史长河中，学院、讲坛上的朗朗书声，可能会在时光流逝中烟消云散，但总有一些闪耀着哲理和启迪的“匠师传道”故事，在漫长的光阴里余音绕梁。

南宋理学家、教育家吕祖谦的明招讲院，就是这样一个被誉为“文光射斗”的讲坛。在这里，科举进士辈出，朱熹遣子千里求学，陈亮等大儒接踵论道……

图1　吕祖谦在明招山上的讲学地——明招讲院

在武义，吕祖谦明招讲学，究竟讲了些什么？何以流传不衰并被后人津津乐道？今天，我们不妨重回800多年前的明招讲院，当一回先生“隔代不相逢的学生”。

## 一

乾道三年（1167）正月，31岁的吕祖谦来到武义明招山，此刻的他心情是落寞的。

虽然此前，他连中进士和博学宏词科，然而这份喜悦早已褪去。不远处的祖坟山上，埋葬着几年前撒手人寰的发妻和两个夭折的儿子。前一年，母亲也离开人世。回到这里守丧，触景思人，他度日如年。

在寂静的明招山，吕祖谦也许想了很多：南宋军事上的妥协，政治上的偏安，像一把利剑刺痛着国人；理学虽已兴起，但其“妙用”并未被统治者领悟到，比如孝宗皇帝对理学就不太感兴趣；自己“国仇当雪、版图当归”的家国情怀如何书写……

这时，暗夜里的一粒萤火照亮了脚下的路。这年夏天，金华籍已任太平州学教授的潘景宪，和金华主簿彭仲刚结伴来学，点燃了明招讲学的“薪火”。“考霸”吕祖谦在明招山讲学的消息传开后，浙东郡县的“赶考”学子争先恐后前来“插班”“蹭课”。

明招山因明招寺得名，吕祖谦的讲坛就设在明招寺西侧几间简陋的偏房里。高峰时，问学者近300人，连门外都挤满了恭恭敬敬听课的人。

在这些学子里，幼年丧父的巩丰很受吕祖谦眷顾。巩丰裹粮负笈拜师山林，追随十多年，终有所成。陆游对巩丰的诗书才能极为欣赏，在《荐举人材状》中称赞他“材识超卓，文辞宏赡”。18岁的叶适也曾慕名找上山来，问学从游。多年后，这位“永嘉学派”集大成者写诗感谢吕祖谦：“昔从东莱吕太史，秋夜共住明招山。”

图2　明招寺

不过，三年后，吕祖谦为母服丧期满，收到“太学博士”任命状，关上了明招讲院的大门。

## 二

吕祖谦第二次在明招山上开坛讲学，已是乾道八年（1172）。

是年二月，已成为礼部试官的吕祖谦，在临安忙着“全国统考”，突然传来了父亲病危的噩耗。他匆忙赶到家时，父亲已经去世。

办完父亲丧事，吕祖谦独自坐在空空荡荡的讲院里，思绪万千。三年来，仕途奔波、著述论学、为民请命的一幕幕，浮现眼前。不久后，明招讲院开学的“钟声”，再次响彻明招山。

这时的明招讲院，来的已不只是赶考学子了，更称得上群贤毕至。比如陈亮就是其中之一，《易传》《策问》等名篇佳作，总要请吕祖谦第一个阅评。薛季宣、徐居厚、陈傅良等名儒，也是一来就留宿十天半月。

吕祖谦明招讲学，让明招山名声大振、闻于朝野。授徒讲学、师友论道，明招山成了业界“大咖”的“会客厅”。

但讲学也遭到不少人反对，恩师汪应辰和好友张栻、陆九渊等皆劝谏他当停学守墓，以尽“纯孝之心”。淳熙元年（1174），吕祖谦无奈遣散诸生。

图3　吕祖谦像

39岁的吕祖谦在明招山度过了开春最冷的两个月后，跋山涉水入闽访问朱熹。两位当世颇负盛名的理学大师，相聚于武夷山下寒泉精舍，同编了对后世影响深远的理学著作《近思录》。

在著名的“鹅湖之会”后，吕祖谦又回到明招山，此时的他已名动天下。《朱熹的思维世界》作者、美籍著名历史学家田浩曾评价吕祖谦是“12世纪70年代的道学领袖”。

## 三

明招讲学的踪迹，早已遁入历史深处。但其凝练成的“明招文化”，却深深影响着后世。那么，今天我们重回明招讲院，又能感悟到什么？笔者有三点想法。

教育接续优秀传统，更需打开超前视野。吕祖谦认为教育关系着国家兴衰，因此他想通过讲学培养出一批讲实理、育实材、求实用的优秀人才。

如果吕祖谦墨守成规，专讲孔孟之道，可能会是个好老师，但绝成不了“一世宗师”。他以超前的视野，选取《左传》中168篇文章，自编了写作教材《东莱博议》，在其中阐述观点、评析事理，写一篇教一篇，这让听惯了经书的学子一下子入了神，甚至将先生的范文抄到衣服上带回去反复诵读。

800多年前，吕祖谦喊出历史“向前则有功”，需要极大的勇气和胆量。这种远见卓识，给了学子们一把开启知识天窗的钥匙。

据记载，明招学者人数千百，明招讲学后110年，仅武义这个山区小县，就有34人考中进士。无怪有人盛赞：“扶持绝学有千载之功，教育英才有数世之泽。”

思想文化因“兼容并蓄”而灿烂。吕祖谦所处的时代，学术思想活跃，理学争论激烈，比如朱熹主张明理，陆九渊等则主张明心。为此，吕祖谦相约朱熹与陆九渊兄弟共赴江西鹅湖寺，主持调和“理学”“心学”两派之争。这场激辩三天、盛极

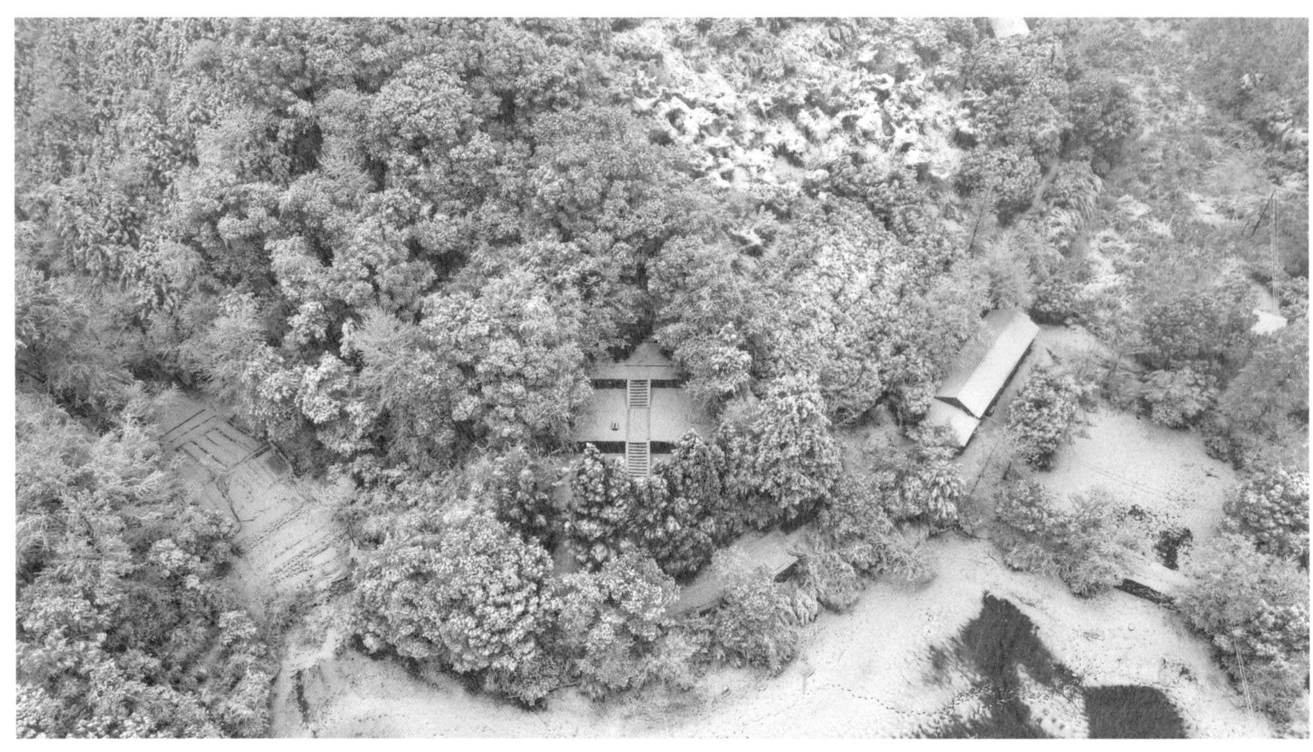

图4 雪中的吕祖谦及家族墓地

一时的“鹅湖之会”，载入中国思想史。

在吕祖谦求同存异、兼容并蓄治学态度的影响下，地处荒野的明招讲坛成了很好的思想交融平台。吕祖谦的“治经史以致用”，与叶适等永嘉学派的“事功之学”、陈亮的“义利并举”等，更融合成了“经世致用”“务其实”的浙学基石，留下了丰厚的思想文化宝藏。

听其言观其行可以明志笃行。吕祖谦倡导“明理躬行”，提出学习要“躬行不懈”，把学到的知识运用到实践中。

据《东莱吕成公年谱》记载，吕祖谦于1163年举进士，复中博学宏词科，累官至直秘阁，参与重修《徽宗实录》，编纂刊行《皇朝文鉴》，著有《东莱集》《东莱博议》等。在他写的书中，君子处世之道处处可见。比如提出“观人之术，在隐不在显，在晦不在明”，教学生要慎独；提道“非知机之君子，孰能遏滔天之浪于涓涓之始乎”，教导学生要防微杜渐；等等。

正如有人评价，吕祖谦留给后人的不仅仅是“经世致用”的婺学精髓，更在于其融汇百川、博采众长的博大胸襟，以及对报国之志、为民情怀及为官之道的忠实践行。

如今重回明招讲院，我们仿佛还能看见裹着头巾的莘莘学子，手捧《东莱博议》大声诵读，听到他们诵出的“以弱身御强世，以绝学明大义”之声。吕祖谦的明招讲学，历经千年依然发出启迪人心的光芒。这是明招山水的幸运。

朱跃军，武义县融媒体中心党委副书记、总编辑。1972年9月出生，从事基层新闻宣传工作25年。

# 何为仁山？<br>从武义明招山和一群人的故事说起

马　黎

浙江省博物馆之江馆开馆区以来，前来观展者络绎不绝，除了馆藏文物外，很多从各家博物馆借展的国宝，限时展出。比如“宋韵文化馆”第一单元，展出了武义县博物馆的镇馆之宝——徐谓礼文书。

在武义县博物馆，除了看这个普通南宋中级官员的履历档案，最近还有一个很清新的展览“仁山——浙学胜地明招山”碑拓题跋展。为什么说清新？看主题，它讲的是一座山的故事，明招山，武义文化圈的大IP。

一座山能做一个展？

再看，这是一个碑拓展，展出的是一座山背后的一群人——吕祖谦家族、陈亮、陈傅良、叶适诸人的各类碑拓近40件。而这些碑刻的撰文者，则有

图1　“仁山”展览海报

图2 “仁山”展览现场（一）

洪迈、巩庭芝、陈亮、陈傅良、何基、宋濂诸名家。

再看，碑拓后面还有一个词：题跋。这不是一个简单的拓片展，每一张拓片都附有题跋，内容涉及文字考订、史事辨析、碑刻制度等。而题跋的书写者，则是全国知名书法家、文史考古学者等。策展团队（中国书法家协会理事、杭州师范大学教授方爱龙，浙江省文物考古研究所副所长郑嘉励，武义县博物馆，武义县文物保护管理所等共同策展）把碑拓与对应题跋作品一并装裱，形成新的艺术品。

以古为新，也是明招山作为宋代浙学中心地在今天的意义所在。这是“仁山”想要讲的故事。

对普通人来讲，这些人名有些“不有名”，展览中，看不到具体的“物”，而要读密密麻麻的“字”。

但是，字会说话，山也会。

## 一

四年前讲徐谓礼的故事时，我写过一句话：“徐谓礼碰到郑嘉励，大概是命。”

今天读来有点肉麻，好在事情不麻。当年徐谓礼文书的发现和确认，这位浙江省文物考古研究所研究员起了关键作用。那么，如果要写个前传，明招山碰到吕祖谦，吕祖谦碰到郑嘉励，用今天的词汇来讲，属于“双向奔赴”了。

很多人知道“上班等于上坟”这个老“梗”，已经变成郑嘉励的标签（他本人有点烦恼），实际上，它的出处相当严肃，就来自他在2014年写的文章《吕祖谦墓》。

吕祖谦，金华人，人称“东莱先生”，是和朱熹、张栻齐名的南宋大儒，创立“婺学”（又称“金华学派”），开浙东学派之先声。

吕祖谦的墓，就在武义县明招山。2014年，郑

图3 “仁山”展览现场（二）

嘉励在明招山调查南宋吕祖谦家族墓地，写了一段话：

> 我这考古工作吧，上班也就等于上坟，每天都能见到吕祖谦墓。如今的吕祖谦墓，是20世纪90年代重建的，面貌去古已远，就地表的墓园所见，与晚清民国的坟墓没有什么两样。以我长期调查浙江宋墓的阅历，对此是有发言权的。当然，大家都是“向前看”的人，谁会真的在乎宋朝与清朝的区别呢。

2014年，郑嘉励调查后发现，当地政府在重建吕祖谦墓时，认错了地方，新墓距离真实的吕祖谦墓相差百米之遥。

因为吕祖谦墓而红，这是郑嘉励没想到的。那么，吕祖谦和明招山的关系，仅仅是他埋身于此处吗？

吕祖谦的家族“东莱吕氏”是北方的世家望族，“三世四相”，也是学术世家。七世祖吕夷简在河南新郑神崧里早早规划了一个八代人族葬的大型墓地，就连吕祖谦的曾祖父吕好问、祖父吕弸中等人的寿穴都安排妥当了。

这是宋室南渡之前的事。

中原陷没。南渡，也是难渡。

从建炎元年（1127）到绍兴元年（1131），曾祖父吕好问一家颠沛流离。绍兴元年（1131），吕好问一家人逃到广西桂林，吕好问本人在桂林去世，临时葬在当地。绍兴五年（1135），战事平稳一些，吕氏陆续内迁。吕好问的长子吕本中住在江西上饶，次子吕弸中住在婺州（也就是今天的金华市），三子吕用中住在绍兴，四子吕忱中居住地不详。

总而言之，四大房派中，没有一个人定居武义县，而最近的金华到武义也有百里之遥。

改变局势的，是吕弸中，也就是吕祖谦的祖父。

图4 明招山

吕弸中的次子吕大伦，也就是吕祖谦的叔父，在武义县当“副县长”。吕弸中就跟着儿子住在“官屋”里。南宋初，南渡士大夫一般都住在官府提供的官屋或者临时安置在寺院里。

绍兴十六年（1146），吕弸中在这里去世。他没法归葬河南老家神崧里的祖坟，只能临时葬在武义，选了明招山，距离武义县城十五里。

这就是吕氏家族入葬明招山的第一人。

但是，他心里还是想回家。明招山出土的《宋吕弸中圹志》可以作为印证，他们没有把明招山作为永久性的葬地。展览中，我们也可以看到拓片。

事实上，在前一年，绍兴十五年（1145），吕本中已经在江西上饶去世，葬在了上饶县明远乡德源山德源寺之侧。当时还没有明招山墓地。

到了绍兴二十三年（1153），家族里辈分最高的是吕用中。他觉得这样子下去不是办法，家族四散，自己的父亲还葬在桂林。于是，他把父亲吕好问的棺柩从桂林迁到了武义，成为明招山吕氏家族墓地里辈分最高的“祖坟”，相当于这里的始迁祖。同时，又正式改葬吕弸中（之前是临时葬在这里的），此时，明招山吕氏家族墓地已经有了雏形。

此后，吕氏四大房派的五代家族成员，从第一代吕好问，到第五代吕祖谦儿子的“年”字辈，包括少数第六代“之”字辈，不管生前在哪里当官，住在什么地方，死后都葬入明招山。从南宋初到元代，延续了一百五六十年。

郑嘉励在前四代人出土的圹志里发现，他们在志文中都会追溯老家祖宅神崧里的故事，以示不忘沦陷的中原族茔。所以，吕氏子孙不远百里，聚葬明招山，体现了中原故家在徙居地建设家族墓地的良苦用心，而此前，江南并没有族葬传统。

## 二

“吕祖谦就住在小白溪的南面。”

耳边不知谁说了一句，眼前已是“峰峦万叠绕烟霞”，明招山就在眼前。

此山不大，属于白阳山的附山，康熙时一位武义词人徐鼎轼说：“怕有渔郎寻觅，沿溪不种桃花。”可见明招之隐。

小白溪流过山前，汇入武义江。

金华南到武义北，高铁最快11分钟。明招山在武义县城东部，距县城约10千米。吕祖谦从金华坐船来，总得花上一天。

为什么来明招山？自然跟他的家族墓地在这里有关。

吕好问生前是宋钦宗时候的尚书右丞，相当于右丞相，身份很高，所以绍兴三十一年（1161），朝廷赐了惠安院作为吕好问的功德坟寺，这也是明招山家族墓地真正形成的标志。

惠安院，就是现在的明招寺，在明招山下。在吕祖谦家族墓地形成之前，明招寺在五代吴越国时期就很有名，德谦禅师在这里讲经，明招寺成为婺

图5　明招讲院

州、处州、衢州、福州等地的禅宗祖庭。

父母去世，两次丁忧，吕祖谦都住在明招山。古人丧礼是三年，丁忧是两年零七个月。日子那么长，他便在这里设堂讲学，明招寺是重要的讲学之处。

母亲先走了，在乾道二年（1166）病故于池州去建康的行船中。吕祖谦护柩至金华，第二年归葬明招山。

母亲曾氏，是曾几的女儿。曾几是谁？宋代著名诗人、江西诗派巨擘，陆游的老师。陆游在《曾文清公墓志铭》中提到，这是曾几唯一的女儿。

吕祖谦家族墓出土了一方吕大器妻曾氏的圹志，印证了其身份。这次展览中也展出了拓片。

郑嘉励说，母亲去世后，吕祖谦在明招山讲学，影响非常大，“他的讲学，可以说从根本上改变了这里的文风。用我们今天的话讲，他是一个理学家，是个学者，也是个考神”。

27岁中进士，同一年又中了博学宏词科。36岁，他主持礼部的考试，是从事教职的开端。后又历任太学博士、国史院编修官、实录院检讨官等职。

所以，他对科举很有心得。“尤其为母亲丁忧的那一段讲学，我们今天讲，恐怕就是金华这个地方最有名的高考复习班。”

在明招山开“教培机构”的时候，吕祖谦编了一本教材，叫《东莱博议》，选《左传》文168篇，分析议论，作为指导考生赴试科场的范文，这本教材当时流传很广，可与《古文观止》相媲美。所以，“武川之人士多被其教”，从明招山走出了很多进士，武义一地，就有31人。

过了五六年，父亲吕大器去世，他第二次在这里丁忧。周边人又闻风而动，聚到他的身边，他又开始讲学。但在那个时候，陆九渊就劝他，应该“停学守墓，以尽纯孝之心”。

他觉得说得很对，就把弟子遣散了。

图6　各种版本的《东莱博议》

对吕祖谦来说，明招山还有一层特殊意义。

27岁中进士，但是，他45岁就去世了，去世前的三年，身体状态很差。也就是说，吕祖谦最有学术创造力和影响力的时间段为26岁到43岁，也就是17年。这中间，他经历了母亲的去世（26岁时母亲去世），父亲的去世，还有三任妻子都先于他去世（43岁时第三任妻子去世），也埋入武义明招山。所以，17年间，他大量时间都在明招山这一带度过。

我们现在提到明招山，会讲一个词：学术名山。这并不是虚词。明招文化先以佛、道文化为底色，而吕祖谦通过讲学和著述加以激活和重构，注入了儒家文化的核心内涵。

## 三

“墙竹生夏阴，风荷留宿露。”

吕祖谦很少写这样文艺的诗，但住在明招山，忍不住要抒情。

吕老师一开讲，“四方之士共趋之”。“浙学”其他两位代表人物陈亮、叶适也前来讲道论学。“三巨头”共同出现，唯有明招山。我们现在讲“浙学”，精神之一是务实，吕祖谦学说的一个核心思想就是“著实功夫”，一切看实际效果，“讲实理、育实才而求实用”是办学宗旨。陈亮更是强调义利并举、农商相籍，认为道在物中，理在事中。

吕祖谦在金华城内还设有丽泽书院，奠定了金华的婺学基础。朱熹、陆九渊、张栻、陈傅良等人，都是他“朋友圈”的置顶人物，经常切磋论道。

他的门生就太多了，可考的有210人。说几个著名的，朱熹的儿子朱塾，巩庭芝的孙子巩丰、巩嵘，都是他的学生。

可以看到，吕祖谦在南宋的理学阵营中，属于中心人物，在大家眼里，他是一位宽厚的长者。当时理学界各个学派存在对立和分化，但是，在吕祖

图7 朱吕讲堂

谦的调和下没有明朗化，他还经常被邀请去调和矛盾。

淳熙二年（1175）六月，朱熹“理学”和陆九渊“心学”之间发生了理论分歧，闹得不可开交，他们请吕祖谦来调和。吕老师邀请了陆九龄、陆九渊兄弟前来与朱熹论道。在吕老师的主持下，双方在鹅湖就各自的学术观点激烈辩论，这就是思想史上著名的“鹅湖之会”。

吕祖谦与朱熹交往数十年，成为莫逆之交。朱熹写的文章会先寄给吕祖谦审，吕祖谦也会批校修改。但两人的治学观点完全相反。朱熹重心性义理，吕祖谦却很少谈这方面的学术。朱熹主张读经，而吕祖谦以史为先。朱熹重视《论语》，吕祖谦却不教人读。在史学方面，朱熹是批评吕祖谦史学观点和研究最多的人。然而，两人却能同编《近思录》——这是我国第一本哲学选集，也成为以后理学的思想典型。

两个人的丧葬观，也完全不同。郑嘉励经常讲到朱熹的例子。

朱熹为妻子刘氏寻找一块风水好墓地，费尽周折，被吕祖谦批评了。后来，他为长子朱塾选墓地，又选了两三年才下葬。

看一下最后的分布：朱熹的爷爷朱森，墓在福建政和，朱熹的父亲朱松埋在武夷山，朱熹本人埋在建阳。他的三个儿子，长子朱塾埋在建阳的另外一个乡镇，小儿子是埋在建安的。更加不可思议的是，朱松墓在武夷山，朱熹的母亲祝氏埋在建阳，朱熹的父母居然没有完成最常规的夫妻合葬。

朱熹因为太在意风水，家人葬地分散。“每个人都想去占一个好山头。所以，朱熹的子孙清明节上坟苦啊，一家人的墓离得这么远，没有半个月哪里跑得完。”

吕祖谦家就完全不同。

吕祖谦讲学的地方，现在叫朱吕讲堂，很多人以为朱熹跟吕祖谦在这里一起讲课，其实吕祖谦在世时，朱熹没有来过明招山。他去世后第二年的正月十七，朱熹到明招山扫墓，哭祭朋友。

看到吕祖谦的墓，朱熹难过：怎么可以这样胡乱在平地上一埋了事？

频繁的丧亲之痛，人生最后两年（1180—1181），吕祖谦又在身体遭受极大病痛的状态中度过。身染“风痹”，行走不便。他把生命最后的热情投入著书，还有一件事，写日记。

《四库全书》收录吕祖谦著作《东莱集》40卷，其中，卷十五收入《庚子辛丑日记》，即1180和1181年的日记。

日记开始于庚子年正月初一：“一日甲寅，初编《大事记》，起周敬王三十九年，晴。”正月初一，他开始编写《大事记》。《大事记》始于周敬王三十九年，被认为是吕祖谦的史学代表作之一。

编书时，他已经小中风在床，不能行走，但，这本书一定要编完。

除了记录当天工作，他在日记里还记录每天的天气状况，以及物候变化：

百叶桃开

雨后新绿可观

海棠梨花盛开

晴和红梅开

……

竺可桢在《中国古代的物候知识》一文中这样评价：“南宋浙江金华地区的吕祖谦（1137—1181）做了物候实测工作。他所记有南宋淳熙七年和八年（1180—1181）两年金华（婺州）实测记录，载有腊梅、桃、李、梅、杏、紫荆、海棠、兰、竹、豆蓼、芙蓉、莲、菊、蜀葵、萱草等二十四种植物开花结果的物候和春莺初到、秋虫初鸣的时间，这是世界

图8　吕祖谦及家族墓群纪念地

上最早凭实际观测而得的物候记录。世界别的国家没有保存有15世纪以前实测的物候记录。”

日记里，最后一次记录花开，是七月二十三日：

阴，时时雨。秋意翛然，木芙蓉开。

二十六日补记二年。晴。晚阴。

二十七日《公刘》一章。阴。

二十八日

二十八日这一天的日记，他只写了一个日子，来不及写内容。手边的《大事记》刚刚编到汉武帝征和三年（前90）。

一切戛然而止。吕祖谦在这天去世，45岁。

根据考古勘探，目前已确认的明招山吕祖谦家族墓地有墓葬30多座，以明招寺为中心，分布在四个区域，也是互不相望的山坳。吕祖谦和两任妻子的墓，在明招山大坑的小山丘，形势一般，跟风水无关，墓室也简陋。

但重要的是，一家人在一起。

这和朱熹家完全不同。

郑嘉励在新书《读墓》中特开一节，讲了朱熹和吕祖谦不同的丧葬观。吕祖谦强调人死入土的迫切性，入土为安即可。他在明招山为父母和三个妻子办丧事，在三个月内就完成下葬，绝对不可能超过三个月。所以，朱熹看到吕祖谦的墓如此“草率”，才会生出这样的感叹。两人的观念完全不同。

但是，在我们今天看来，吕祖谦很“现代”，这是看得开，洒脱。“所以在传统时代能够达到像吕祖谦这样的人是非常少的。”吕祖谦给别人写墓志，从来不会讲风水，而是讲合葬、族葬，鼓励大家像他一样。

大家看在眼里，很多大家族也希望向他学习。但是几乎没有人能够像他这样去做。比如开禧三年（1207）进士莆田人方大琮，他很认同吕祖谦的族葬价值，在方广山有意效仿明招山建家族墓地，但是，做不到。

一来，为风水所惑。还有一个，东莱吕家人多短寿，吕祖谦壮年过世，有谣言说是明招山穿凿太过的原因。

“说明士人既有追求族葬的意愿，又不免为世俗风水所惑。”

都是世俗之人，都有纠结。

看完吕祖谦的日记，朱熹写了一段跋：“观伯恭病中《日记》，其翻阅论著，固不以一日懈。至于气候之暄凉，草木之荣悴，亦必谨焉。……然于此得窃窥其学力之所至，以自警省，则吾伯恭之不亡者，其诲我亦谆谆矣。”

郑嘉励说，吕祖谦去世后，以吕祖谦为精神纽带的各派之间表面的团聚力，一下子消除了，裂痕显现。朱熹感叹：“诸贤（张、吕）死后，议论蜂起。”包括他和陈亮的“翻脸”。

朱熹到武义明招山哭祭吕祖谦时，陈亮也从永康赶到明招山，生平第一次见到了朱熹，两人在明招山停留了七八天，并同至永康龙窟，开始“王霸义利”论辩，一辩辩了几年，成为一桩有名的历史公案。

在给吕祖谦的祭文中，朱熹发出了好几个撕心裂肺的问号——吕祖谦死去后，理学谁来振兴？吕祖谦的道德文章谁来继承？未来的学子谁来教诲？老百姓的福气谁能再给他们？由经入史的学问谁能继续？吕祖谦的《大事记》谁来替他完成？自己文章的错误谁还能指正？

山中有回响。

马黎，钱江晚报记者，长期深度报道浙江考古发现尤其是良渚考古，浙江省文物考古研究所特约研究员。著有《一小铲和五千年——考古记者眼中的良渚》、《看见5000年——良渚王国记事》（获2020年度中国好书）、《考古浙江——万年背后的故事》、《良渚词典》。

# “仁山”：一个思想家与金石整合策展的案例

邵路程　胡　城　李　林

“仁山”展览的动议其实挺早。

记得是2022年10月的某一天，大家在闲聊中提起，想做一个关于宋代婺学，关于明招山出土碑刻的展览，但还没有特别明确的思路。只是想做成一个融合性的展览，不同于以往的书法展、拓片展。

去年，经过努力，竟然真的有机会来完成这个展览，我们都很高兴。这是一件有意义又很有挑战的事。主要有三个方面原因：一是展览依托于宋代浙学，如何遴选合适的展品，使得整个展览能够形成一个完整的脉络。二是撰写跋文时，文字要雅正，考据要严谨，还需兼顾文风，与拓片的整体气息相照应。三是题跋创作需要邀集文物、文史、书法等领域众多名家里手，时间紧迫。

策展难度确实不小，但幸好有浙江省文物考古研究所郑嘉励老师、杭州师范大学方爱龙老师的襄助，使我们的展览能稳步推进。经过紧锣密鼓的准备，去年秋天，“仁山——浙学胜地明招山”展览终于在武义县博物馆顺利开幕了。

对展览的架构、定位，展陈文案的编撰，以及展览相关的种种收获、体会，与大家分享如下：

这个展览，展品以武义明招山的吕祖谦及其家族墓地出土墓志和宋代婺州学术相关的碑刻为主，最终选取近四十件石刻，制成拓片，每件撰写跋文，并请文物、文史和书法领域的名家书写题跋。这种为拓片题跋的方式，是对清代金石学风尚传统的一种延续与回归。就展览来说，如果仅仅是展出拓片及题跋，则整个展览的主线还是不够明晰。为使整个展览与日常所见的书法展、拓片展相区别，策展团队又精心撰写文案，来串联展品，最终使其成为一个融合性展览。在这个展览上，文物、书法、宋代学术思想，得到了有机统一。

“仁山”一展的基调，落脚在宋韵文化和宋代浙学上，特别强调“宋韵文化是具有中国气派和浙江辨识度的重要文化标识。宋代浙学，在宋韵文化中最有理论意识、最具学术含量、最能体现宋代士大夫以天下为己任的实践精神”。

而所谓浙学，是指浙江历史上各家学派的集合。

这些学派，具有强烈的学术共性：强调实事求是、经世致用的笃实精神。浙学的开端，可以追溯至汉代的王充。而浙学的第一个高峰，出现在南宋。这时涌现出以吕祖谦为中心的婺州学派、以陈亮为中心的永康学派，以及以叶适为中心的永嘉学派。三个学派之间，交往频繁，共同构筑起宋代浙学的基础。而整个展览，正是立足于吕祖谦讲学的明招山。当时除吕祖谦外，陈亮、叶适亦曾到明招山拜访、切磋，砥砺学问。一时之间，明招山可谓群贤毕至。所以这一展览，试图以拓片、题跋为载体，辅以文案，梳理宋代浙学脉络，尤其是以吕祖谦为中心的婺州学派及其此后婺州学术发展的大势。

整个展览分为三个大单元。第一单元叫“源头活水来”，以简洁之笔介绍早期浙学及武义地方文风对后来明招山之影响，下分两个小单元，一个部分叫“浙学滥觞”，而归结于“在漫长的历史进程中，浙江先民向来注重实践，并凝结出‘经世致用’‘实事求是’的思想观念”。另一部分叫“里仁为美”，主要突出明招山的在地历史文化，通过阮孚隐居明招山舍宅为寺，以及德谦禅师于明招山开讲，来概括明招山兼有道释隐逸论说之风，以为后来吕祖谦在明招山讲学张目。第二单元叫“雅正得吾师”，这一单元，是整个展览的重点，通过“斯文在兹”“事功可成”“君子德风”三个板块，来梳理吕祖谦与明招山的渊源、吕祖谦的学术思想，永康学派、永嘉学派的学者们与明招山的关系，以及武义本土士人在明招学风影响下所取得的成就。而这一单元的重点，在于突出明招山站在宋代浙江学术的中心，见证着浙学的兴起和繁盛。第三单元叫“遗芳殊未疏”，下面分“郁郁乎文”“祭先如在”“弦歌未绝”三个小板块，旨在梳理宋代以后婺州学术之流变、后世婺州人对于吕祖谦的纪念，以及武义这块土地上的崇学向道之风。

思想性的展览，内容深奥，容易让观众失去参观的兴趣。特别是“仁山”展，是一个思想加拓片的专业展，如果不能在文案上下些功夫，更容易让人失去兴趣。所以就“仁山”展来说，清晰的主线、明快的标题、有吸引力的设计，才可能让人眼前一亮。步入展厅的参观者可能会发现，这个展览的每个板块，都有一个有“气质”的标题。而相对深邃的思想内容，则经过了提炼简化。精心选择的思想家本人的一两句金句，更是让人印象深刻，一下子就见出了吕祖谦、陈亮、叶适等几位思想的本来面目。另外，吕祖谦与明招山关系的时间轴、吕祖谦祠堂兴建时间轴、《宋元学案》所见吕祖谦弟子等几个图表的制作，更直观地凸显了吕祖谦与明招山的关系，也可见出当时婺州学派之盛况。而这些内容的精心设计，也避免了版面的单一。

展览的各级标题中，“源头活水来”出自朱熹的《观书有感》：“半亩方塘一鉴开，天光云影共徘徊。问渠那得清如许，为有源头活水来。”“雅正得吾师”出自唐代韦应物的《答长宁令杨辙》：“瑰文溢众宝，雅正得吾师。”“遗芳殊未疏”，出自吕祖谦伯祖吕本中的《椿阁》诗：“往时椿阁老，盛德传乡闾。至今风流在，遗芳殊未疏。”至于“里仁为美”“斯文在兹”“事功可成”“君子德风”“郁郁乎文”“祭先如在”“弦歌未绝”诸标题，或撮举经书成句，或概述宋代浙学特征，以明标题之设，渊源有自。

对于一个好的展览来说，展品才是重中之重。所有的展览文本，都只能依托于展品来进行组织、展开。整个展览的展品，涵盖墓志、摩崖、人物像、记事碑等不同的石刻类型。策展团队从三个方面来选择展品：一是通过对武义地方文博机构的藏品梳理和近年来的新发现，来选择基本展品。二是通过实地调查，获取第一手的资料。三是向周边地市文博机构商借藏品，来丰富展陈。

这一展览，最后展出的展品不算多，在四十件左右，但是从内容上看，还是很丰富的，除有武义所出宋元墓志外，另外尚有延福寺钟铭、吴直方圹记、陈亮像赞、叶适瓷墓志、余伯皋等人摩崖题记等。

至于展览的主标题，也是来自展出的一件馆藏石刻。这方石刻仅“仁山”二字，虽然看起来和明招山没有特别的关系，甚至不知其来源，但是“仁山”二字，却与我们的整体策展思路吻合。所以特意选出，置于展览前部比较显眼的位置，并将其作为整个展览的名称。

展品中，另外有几件也很特别，如余伯皋等人摩崖题记，系策展团队在水帘亭考察时所发现。这是首次对其进行传拓、释文与展出。而如吴直方圹记，也是2023年首次发现的。还有沈枢等人在仙岩的题名、叶适瓷墓志等几件展品，原刻或已逸失，或不宜传拓，乃向相关博物馆商借旧拓来展出。

“仁山”展览已经在武义县博物馆展出完毕，展览获得了很多关注和赞誉。我们已经与温州、金华等地博物馆进行了对接，还未能一睹为快的观众，也可以在后续的巡展中看到它的身影。

胡城，教育学硕士，文博馆员。2016年，经“人才引进”入职武义县博物馆。2019年任副馆长，主要负责陈列展览、藏品保管等工作。参与金华市社科重点课题、浙江省社科重大课题各1项。

李林，自由撰稿人，古籍整理者，中国历史文献研究会数字分会会员。点校注释有《查嗣瑮查嗣庭合集》《陈鳣集》《庄子义证》《南宋徐谓礼文书（注释本）》等。

# 题跋释文篇

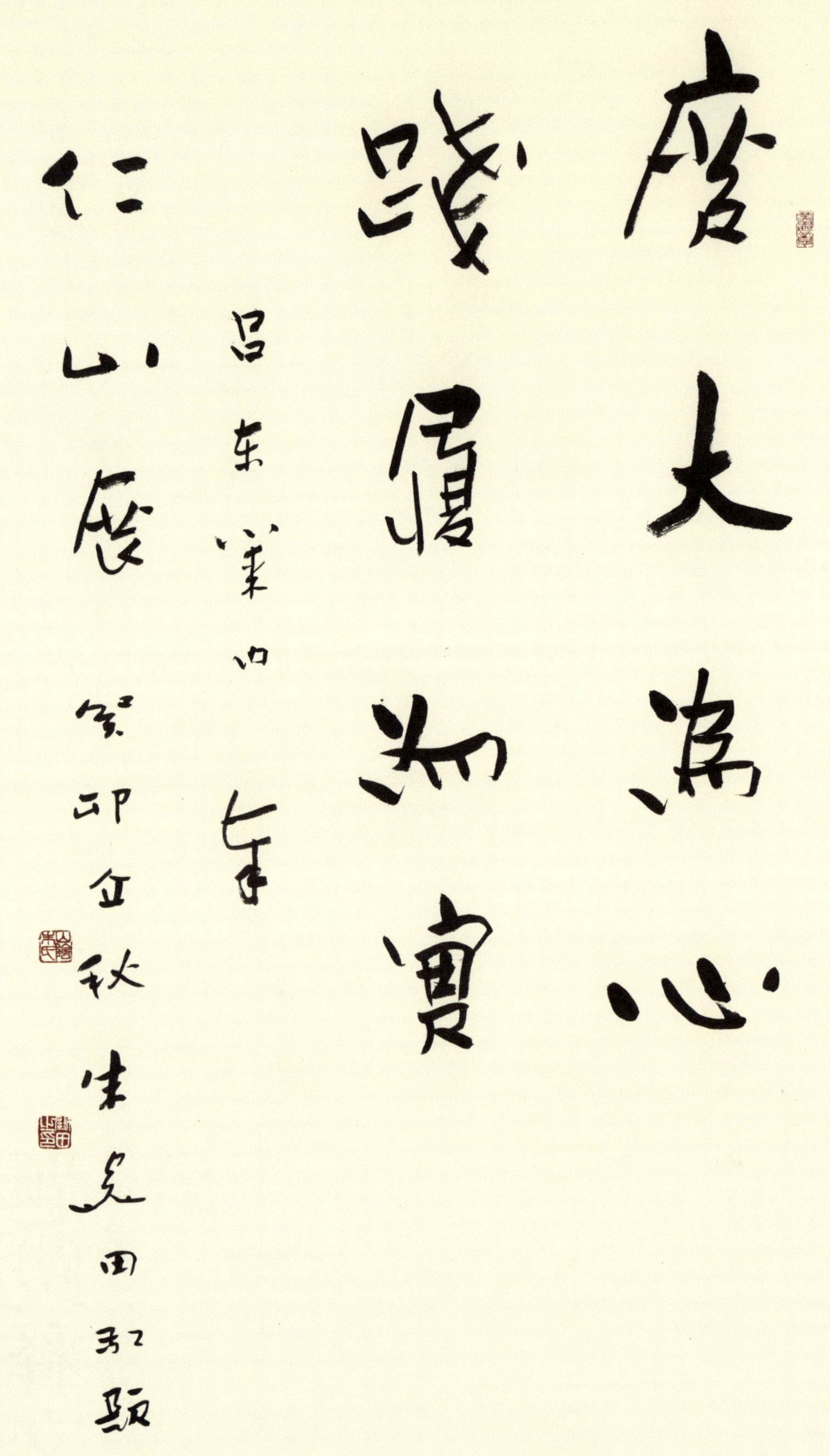


广大为心，践履为实

## 广大为心，践履为实

高136.5厘米　宽74.0厘米

武义县博物馆藏

朱关田书

**释文：**

广大为心，践履为实。

吕东莱句，奉“仁山”展。癸卯立秋，朱关田敬题。

仁山

## 仁山

高33.0厘米　宽94.5厘米

武义县博物馆藏

鲍贤伦书

**释文：**

仁山。

癸卯六月于杭州得古方新居，鲍贤伦。

仁山

## 仁山石刻

画心（碑石）尺寸：高105.5厘米　宽66.8厘米

原石藏武义县博物馆

刘正成跋

**释文：**

仁山。

**跋：**

右“仁山”二字，原石不知何时入藏武义博物馆，亦不知原石立于何处。武义诸名山，有关义理之学，而可以“仁”名者，其为明招乎？癸卯秋，刘正成跋。

# 宋吕好問壙誌

何滌非

此誌原石乃砂巖色紅
較諸明招山其餘出土墓誌
石質迥乎不同又墓誌文
字亦分兩段一署吕本中一
署吕用中觀其風格大
小及行款亦頗不類蓋誌
乃吕好問初葬時所置
吕本中誌紹興二十三年此
石隨吕好問靈柩由桂林
還葬武義吕用中補刻
數語於後

癸卯六月書於錢唐 西泠何滌非

宋吕好问圹志

資政殿[illegible]

東京人後徙居[illegible]師紹興[illegible]年四月避地[illegible]走桂州得疾寖劇薨七月

丁酉[illegible]年七十八臨終自力誦佛陁[illegible]發大誓願願法界衆生永斷殺

[illegible]自誓凡十餘過不輟俄起面西端坐手結彌陁印怡然

而逝其八月[illegible]中孫子季中彌中耶中忱中奉喪藁葬城南龍[illegible]寺始

公在宣和[illegible]居[illegible]者十五年及靖康初始大召用建炎初遂預機

政[illegible]罷[illegible]從江湖嶺海之間困苦益甚而未始俄頃而忘

國家之意也自公[illegible]侍[illegible]公祖正獻魯公曾祖文靖豫公以上

與公夫人王氏皆前葬鄭州新鄭[illegible]喪未克歸葬諸孫號哭即事

[illegible]不得濟而亦不敢[illegible]安於是將[illegible]考步定而改卜焉孤子本中

淨[illegible]

先公藁葬桂林[illegible]十有二年紹興癸酉秋乃克扶護度嶺以其

年閏十二月己酉改葬于婺州武義縣明招山之塢墳當改葬之

載本中彌中皆先歿用中忱中孫大器大倫大猷大同大麟大

大興曾孫祖謙祖仁祖儉祖恕祖重祖寬先公累贈[illegible]東萊郡

開國公凡前誌已載者不復書孤子用中疾病號泣謹誌

## 宋吕好问圹志

画心（碑石）尺寸：高81.0厘米　宽65.0厘米

原石藏武义县博物馆

何涤非跋

**释文：**

资政殿学士、太中大夫、提举临安府洞霄宫吕公讳好问，字舜徒，世为东莱人，后徙居京师。绍兴元年四月，避地南走桂州，得疾浸剧，薨七月丁酉，享年六十八。临终自力诵佛陁号，发大誓愿，愿法界众生永断杀、盗、淫三业，高声自警，凡十余过不辍，徐起，面西端坐，手结弥陁印，怡然而逝。其八月壬申，孤子本中、弸中、用中、忱中奉丧槁葬城南龙泉寺。

始，公在宣和□□居不仕者十五年，及靖康初始大召用。建炎初，遂预机政，旋又罢去，来往转徙江湖岭海之间，困亦益甚，而未始俄顷而忘国家之急也。

自公之考侍讲荥阳公、祖正献晋公、曾祖文靖豫公以上，与公夫人王氏，皆前葬郑州新郑。今公之丧未克归葬，诸孤号哭即事，惧不得济，而亦不敢谋久安，于是将视四方少定而改卜焉。

孤子本中泣血谨志。

（补刻）

先公槁葬桂林，□二十有二年，绍兴癸酉秋，乃克扶护度岭，以其年闰十二月己酉改葬于婺州武义县明招山之塘坞。当改葬之岁，本中、弸中皆先没，用中、忱中，孙大器、大伦、大猷、大同、大麟、大虬、大兴，曾孙祖谦、祖仁、祖俭、祖恕、祖重、祖宽。先公累赠太师、东莱郡开国公，凡前志已载者不复书。孤子用中疾病号泣谨志。

此誌原石乃砂岩色紅揆諸明招山其餘出土墓誌石質迥乎不同又墓誌文字亦分兩段一署呂本中一署呂用中觀其風格大小及行款亦頗不類蓋誌乃呂好問初葬時所置呂本中誌紹興二十三年此石隨呂好問靈柩由桂林遷葬武義呂用中補刻數語於後

癸卯六月書於錢唐 西泠何滌非

**跋：**

宋吕好问圹志。何涤非。

此志原石乃砂岩，色红。揆诸明招山其余出土墓志，石质迥乎不同。又，墓志文字亦分两段，一署吕本中，一署吕用中。观其风格、大小及行款，亦颇不类。盖志乃吕好问初葬时所置，吕本中志。绍兴二十三年，此石随吕好问灵柩由桂林迁葬武义，吕用中补刻数语于后。癸卯六月书于钱唐，西泠何涤非。

按東萊呂氏自呂好問携家南来紹興元年
呂弸中繼室文氏及呂好問先後卒皆藁葬桂林
紹興十五年呂好問長子呂本中卒於上饒亦葬
其地先是呂氏世葬鄭州新鄭至是則呂氏諸塋
散處四方祭掃為難且中原之地淪喪歸葬祖塋
已成夢影紹興十六年呂弸中卒於其子呂大倫武
義縣丞寓所然此時尚無營建家族墓地之議故此誌
尔云藁葬至紹興二十三年呂用中主持遷在桂林之呂好
問墓呂弸中繼室文氏墓改葬武義明招山於是明招
山呂氏家族墓始漸成形紹興三十一年呂用中之父
好問昨為尚書右丞除資政殿大學士累贈太師今
葬婺州武義縣惠安院之側乞充功德院詔賜惠
安禪院額至是明招山正式成為呂氏家族墓地之所
在呂氏家族成員之遠在外地者亦葬入明招山如呂用
妻方氏卒於淳熙初乃即婺州武義縣明招山祖墓
之旁葬焉而未曾入葬上饒
癸卯年七月於金陵枕江樓 李彤

宋故右朝請郎主管台州崇道觀賜緋魚袋呂公諱弸中字隆禮世為
東萊人自高祖文靖公相仁宗遂居京師曾祖公著相哲宗終司
空同平章軍國事贈太師晉國公謚正獻祖希哲元祐間嘗勸講經
筵終奉直大夫直秘閣贈太子太保父好問建炎初任尚書右丞終資
政殿學士太中大夫贈太保曾祖妣晉國夫人魯氏祖妣文安郡夫人
張氏妣越國夫人王氏公幼以祖廕授假將仕郎歷拱州寧陵縣主簿
宿州司户曹事丁母憂服除淮寧府司儀曹事 大元帥府參議東南
道都總管司主管機宜文字靖康末勸進 大元帥府改通直郎繼以
父嘗柄任自求閑退差主管亳州明道宮任滿再請尋丁父憂服除主
管江州太平觀台州崇道觀紹興六年召赴 行在所除將作監丞改
樞密院計議官還尚書駕部員外郎以疾丐去除提舉福建路茶事常
平等公事兼市舶不赴得請主管台州崇道觀再食祠祿者凡八年以
十年 明堂赦恩賜六品服官至右朝請郎十六年十二月癸卯感疾
終於男大倫婺州武義縣丞廨舍正寢享年五十有七娶章氏都官郎
中甫之女再娶文氏西京留司御史臺永世之女先公卒子男三人大
器右承事郎添差江南東路提舉茶盐司幹辦公事大倫右承事郎知
婺州武義縣丞大陽通仕郎早亡女十人在室孫男二人祖謙祖儉以
十七年正月癸酉諸孤奉喪藁葬于武義縣明招山自公之妣祖考妣
曾祖考妣以上及公之夫人章氏皆葬鄭州新鄭縣公之考右丞公及
公之夫人文氏皆藁葬靜江府今公之喪既未克歸祔先壠又不能從
葬桂林諸孤流離異鄉懼不得[illegible][illegible]是嚙哀茹苦權宜即事以俟它日
改卜焉孤子大倫泣血記 紹興[illegible]十二月己酉改葬于舊穴之南六十三步安人文氏祔

宋吕弸中圹志

宋故右朝請郎主管台州崇道觀賜緋魚袋呂公諱翃中字隆禮世為東萊人自高祖文靖公相仁宗遂居京師曾祖公著相哲宗終司空同平章軍國事贈太師晉國公謚正獻祖希哲元祐間嘗勸講經筵終奉直大夫直祕閣贈太子太保父好問建炎初任尚書右丞終資政殿學士太中大夫贈太保曾祖妣晉國夫人魯氏祖妣文安郡夫人張氏妣越國夫人王氏公幼以祖廕授假將仕郎歷拱州寧陵縣主簿宿州司戶曹事丁母憂服除淮寧府司儀曹事大元帥府參議東南道都總管司主管機宜文字靖康末勸進大元帥府改通直郎繼以父當柄任自求閑退差主管亳州明道宮任滿再請尋丁父憂服除主管江州太平觀台州崇道觀紹興六年名赴行在所除將作監丞改樞密院計議官遷尚書駕部員外郎以疾丐去除提舉福建路茶事常平等公事兼市舶不赴得請主管台州崇道觀再食祠祿者凡八年以十年明堂赦恩賜六品服官至右朝請郎十六年十二月癸卯感疾終於男大倫婺州武義縣丞廨舍正寢享年五十有七娶章氏都官郎中甫之女再娶文氏西京留司御史臺永世之女先公卒子男三人大器右承事郎添差江南東路提舉茶鹽司幹辦公事大倫右承事郎知婺州武義縣丞大陽通仕郎早亡女十人在室孫男二人祖謙祖儉以十七年正月癸酉諸孤奉喪藁葬于武義縣明招山自公之祖妣祖考妣曾祖考妣以上及公之夫人章氏皆葬鄭州新鄭縣公之考右丞公乃公之夫人文氏皆藁葬靜江府今公之喪既未克歸祔先壠又不能從葬桂林諸孤流離異鄉懼不得[illegible]葬是以銜哀茹苦權宜即事以俟它日改卜焉孤子大倫泣血記

紹興[illegible]十二月乙酉改葬于舊穴之南六十三步安人文氏祔

# 宋吕𪾢中圹志

画心（碑石）尺寸：高79.0厘米　宽62.0厘米
原石藏武义县博物馆
李彤跋

**释文：**

宋故右朝请郎、主管台州崇道观、赐绯鱼袋吕公讳𪾢中，字隆礼，世为东莱人。自高祖文靖公相仁宗，遂居京师。曾祖公著相哲宗，终司空、同平章军国事，赠太师、晋国公，谥正献。祖希哲，元祐间尝劝讲经筵，终奉直大夫，直秘阁，赠太子太保。父好问，建炎初任尚书右丞，终资政殿学士、太中大夫，赠太保。曾祖妣晋国夫人鲁氏，祖妣文安郡夫人张氏，妣越国夫人王氏。

公幼以祖荫授假将仕郎，历拱州宁陵县主簿、宿州司户曹事。丁母忧，服除，淮宁府司仪曹事、大元帅府参议、东南道都总管司主管机宜文字。靖康末，劝进大元帅府，改通直郎，继以父当柄任自求闲退，差主管亳州明道宫，任满，再请。寻丁父忧，服除，主管江州太平观、台州崇道观。绍兴六年，召赴行在所，除将作监丞，改枢密院计议官，迁尚书驾部员外郎，以疾丐去。除提举福建路茶事常平等公事兼市舶，不赴，得请主管台州崇道观，再食祠禄者凡八年。以十年明堂赦恩赐六品服，官至右朝请郎。十六年十二月癸卯，感疾终于男大伦婺州武义县丞廨舍正寝，享年五十有七。

娶章氏，都官郎中甫之女。再娶文氏，西京留司御史台永世之女，先公卒。子男三人：大器，右承事郎、添差江南东路提举茶盐司干办公事；大伦，右承事郎、知婺州武义县丞；大阳，通仕郎，早亡。女一人，在室。孙男二人：祖谦、祖俭。

以十七年正月癸酉，诸孤奉丧槁葬于武义县明招山。自公之妣、祖考妣、曾祖考妣以上及公之夫人章氏皆葬郑州新郑县。公之考右丞公及公之夫人文氏皆槁葬静江府。今公之丧既未克归祔先茔，又不能从葬桂林。诸孤流离异乡，惧不得济，于是衔哀茹苦权宜即事，以俟它日改卜焉。孤子大伦泣血记。

（补刻）

绍兴癸酉闰十二月己酉改葬于旧穴之南六十三步，安人文氏祔。

**跋：**

按，东莱吕氏自吕好问携家南来，绍兴元年，吕弸中继室文氏及吕好问先后卒，皆槁葬桂林。绍兴十五年，吕好问长子吕本中卒于上饶，亦葬其地。先是，吕氏世葬郑州新郑。至是则吕氏诸墓散处四方，祭扫为难。且中原之地沦丧，归葬祖茔已成梦影。绍兴十六年，吕弸中卒于其子吕大伦武义县丞寓所。然此时尚无营建家族墓地之议，故此志亦云“槁葬”。至绍兴二十三年，吕用中主持［将］远在桂林之吕好问墓、吕弸中继室文氏墓改葬武义明招山。于是明招山吕氏家族墓始渐成形。绍兴三十一年，吕用中言：“父好问昨为尚书右丞，除资政殿大学士，累赠太师，今葬婺州武义县惠安院之侧，乞充功德院。”诏赐“惠安禅院”额。至是，明招山正式成为吕氏家族墓地之所在。吕氏家族成员之远在外地者，亦葬入明招山。如吕大同妻方氏，卒于淳熙初，乃即婺州武义县明招山祖墓之旁葬焉，而未曾入葬上饶。癸卯年七月于金陵枕江楼，李彤。

# 宋吕翊中继室文氏壙志

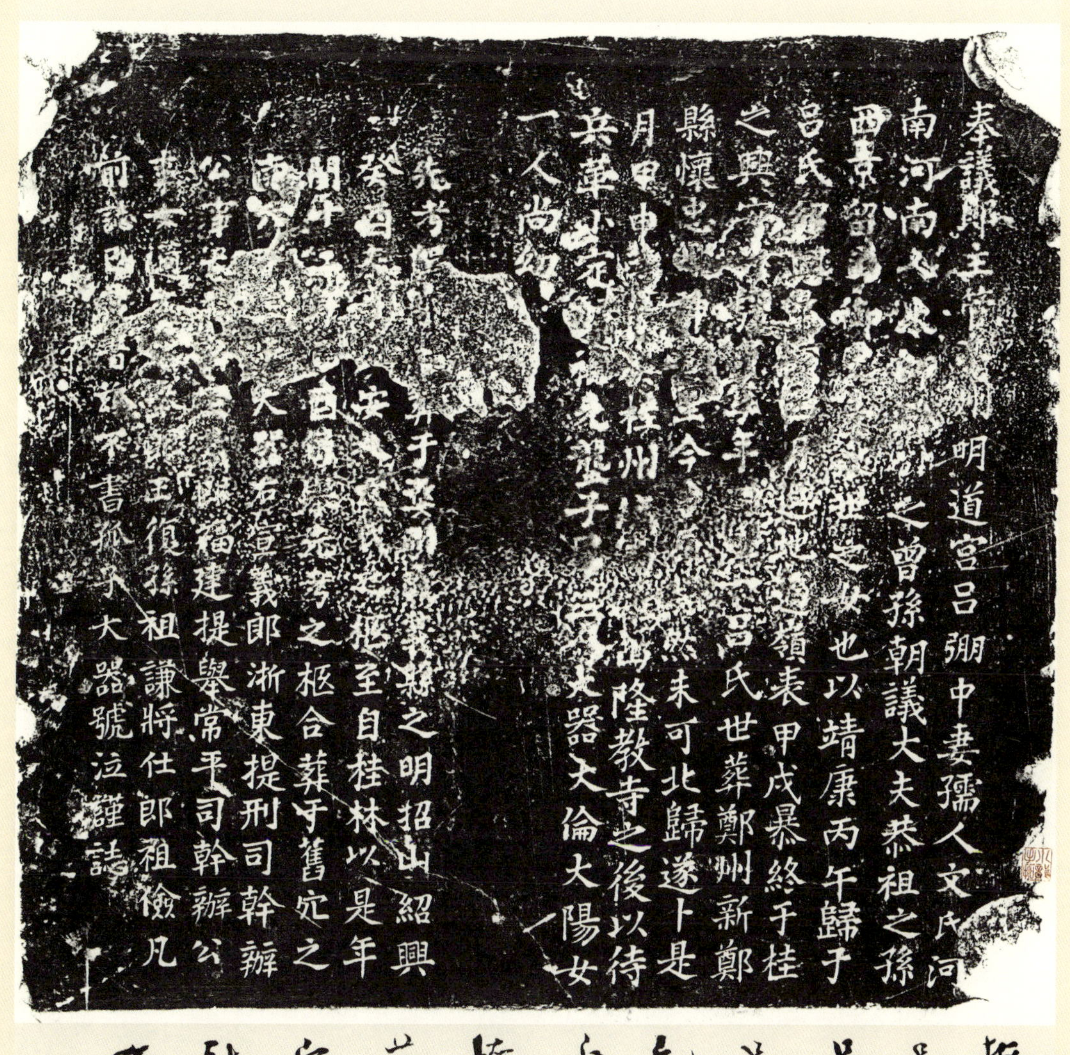
奉議郎主管[illegible]明道宫吕翊中妻孺人文氏河
南河南[illegible]之曾孫朝議大夫恭祖之孫
西京留[illegible]之女也以靖康丙午歸于
吕氏[illegible]嶺表甲戌暴終于桂
之興[illegible]吕氏世葬鄭州新鄭
縣懷忠[illegible]今[illegible]然未可北歸遂卜是
月甲申[illegible]桂州[illegible]隆教寺之後以待
兵革小定[illegible]子[illegible]大器大倫大陽女
一人尚幼
先考[illegible]子[illegible]縣之明招山紹興
癸酉[illegible]之柩至自桂林以是年
閏[illegible]先考之柩合葬于舊穴之
西[illegible]大夫右宣義郎浙東提刑司幹辦
公事[illegible]福建提舉常平司幹辦公
事[illegible]王復孫祖謙將仕郎祖儉凡
前志[illegible]不書孤子大器號泣謹誌

按志文氏系出名門家世
吕氏正憲夫聞文氏始與
吕翊中繼配婚姻後遂侶
吕氏播遷南海至紹興
元年殁於桂林志云吕
氏世葬鄭州新鄭縣
懷忠鄉神崧里文氏葬
葬桂林以待兵革小
定歸祔先塋吕南海
號大雅且有風格
其志擅後之人寥寥可表
癸卯夏沈浩

# 宋吕弸中繼室文氏壙志

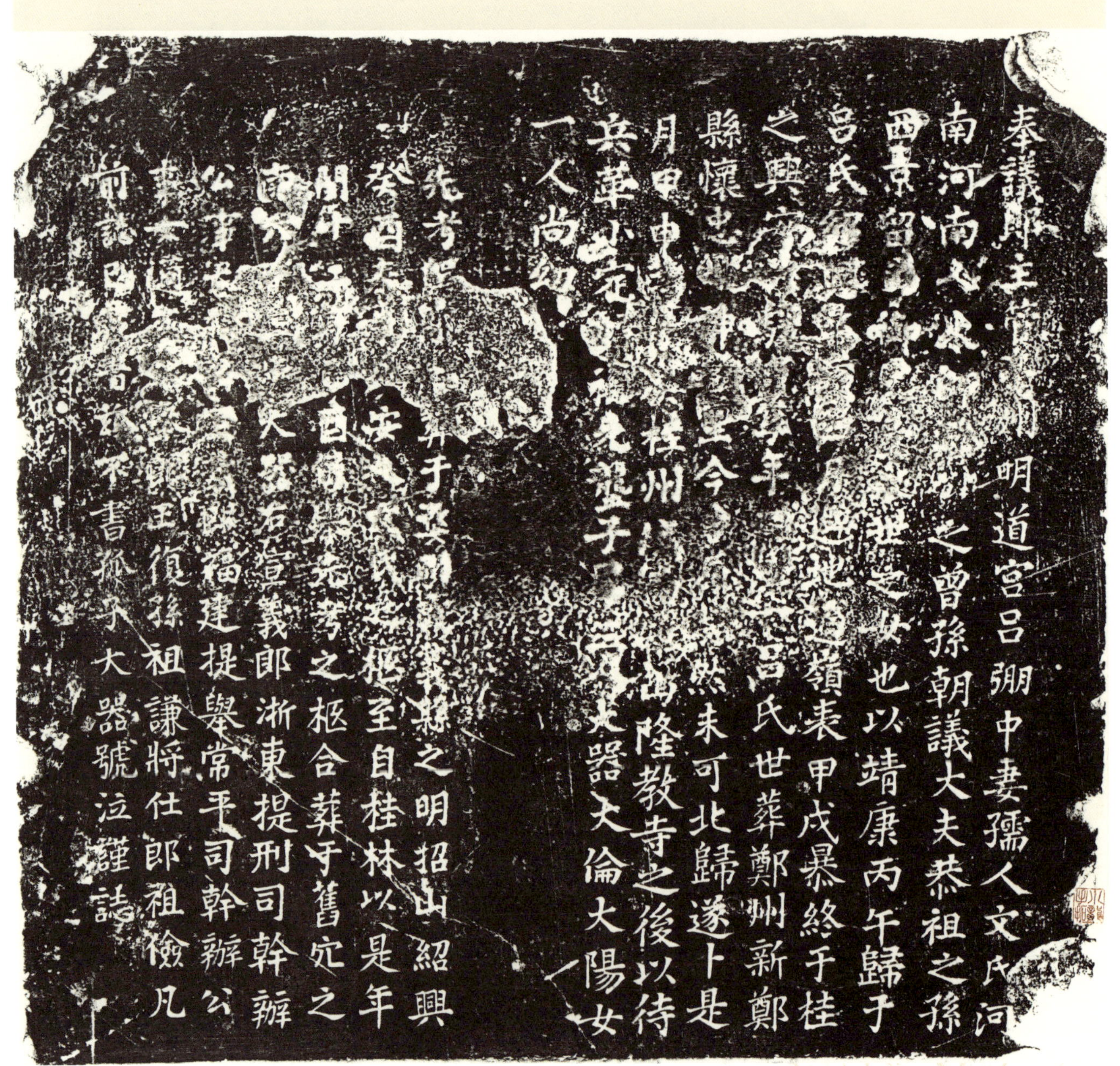
奉議郎主管 明道宫吕弸中妻孺人文氏河
南河南人 之曾孫朝議大夫恭祖之孫
西京留 也以靖康丙午歸于
吕氏 額表甲戌暴終于桂
之典 吕氏世葬鄭州新鄭
縣懷忠 然未可北歸遂卜是
月甲申 桂州 隆教寺之後以待
兵革小定 子 大器大倫大陽女
一人尚幼
先考 葬于 縣之明招山紹興
癸酉 之柩至自桂林以是年
先考之柩合葬于舊兆之
右宣義郎浙東提刑司幹辦
公事 福建提舉常平司幹辦公
王復孫祖謙將仕郎祖儉凡
不書孤子大器號泣謹誌

## 宋吕弸中继室文氏圹志

画心（碑石）尺寸：高62.0厘米　宽63.0厘米

原石藏武义县博物馆

沈浩跋

**释文：**

奉议郎、主管亳州明道宫吕弸中妻孺人文氏，河南河南人，太师潞公之曾孙，朝议大夫恭祖之孙，西京留司御史台永世之女也。以靖康丙午归于吕氏。绍兴辛亥四月避地适岭表，甲戌暴终于桂之兴安驿中，享年□十二。

吕氏世葬郑州新郑县怀忠乡神崧里。今□□□然未可北归，遂卜是月甲申槁葬桂州□□□山隆教寺之后，以待兵革小定，归祔先茔。子男三人：大器、大伦、大阳。女一人，尚幼。

（补刻）

先考驾部既葬于婺州武义县之明招山，绍兴癸酉奉先妣安人文氏之柩至自桂林，以是年闰十二月己酉□举先考之柩合葬于旧穴之南六十三步。大器，右宣义郎、浙东提刑司干办公事；大伦，右宣义郎、福建提举常平司干办公事。女适右□□郎王复。孙：祖谦，将仕郎；祖俭。凡前志已□者兹不书。孤子大器号泣谨志。

**跋：**

宋吕弸中继室文氏圹志。

按志，文氏系出名门，家世与吕氏匹。建炎间，文氏始与吕弸中成就婚姻。后遂随吕氏辗转南渡，至绍兴元年，殁于桂林。志云“吕氏世葬郑州新郑县怀忠乡神崧里”，又云“槁葬桂州”，“以待兵革小定，归祔先茔”。则南渡诸大族不忘中原故地、矢志恢复之心，拳拳可表。癸卯，西泠沈浩。

**编者按：**

志云“以靖康丙午归于吕氏”，跋云“建炎”，手民之误。文氏于甲戌卒于桂林兴安驿中。此甲戌，盖绍兴元年四月甲戌也，时为四月八日。其时吕氏家族避地南来，尚未抵达桂林。参诸《吕好问圹志》，好问以“绍兴元年四月，避地南走桂林，得疾浸剧，薨七月丁酉”。吕好问与文氏，感疾当在同时。而后文氏暂葬桂林，至绍兴二十三年，方迁至婺州武义明招山，与夫吕弸中合葬。此志原石，砂岩，色红，与武义产不类，当亦从桂林迁至。且志石后段原为空白，盖为迁葬补刻文字而预留。

又，文氏之年岁，因志石残破，已经难以看清，仅能隐约见出“□十二”三字。前一字，详观志石，字口轮廓似“四”字。又考吕弸中卒于绍兴十六年，年五十七。则文氏卒年之绍兴元年，吕弸中当在四十一岁。若吕弸中与其妻年岁相当，则文氏年岁，当为四十二无疑。

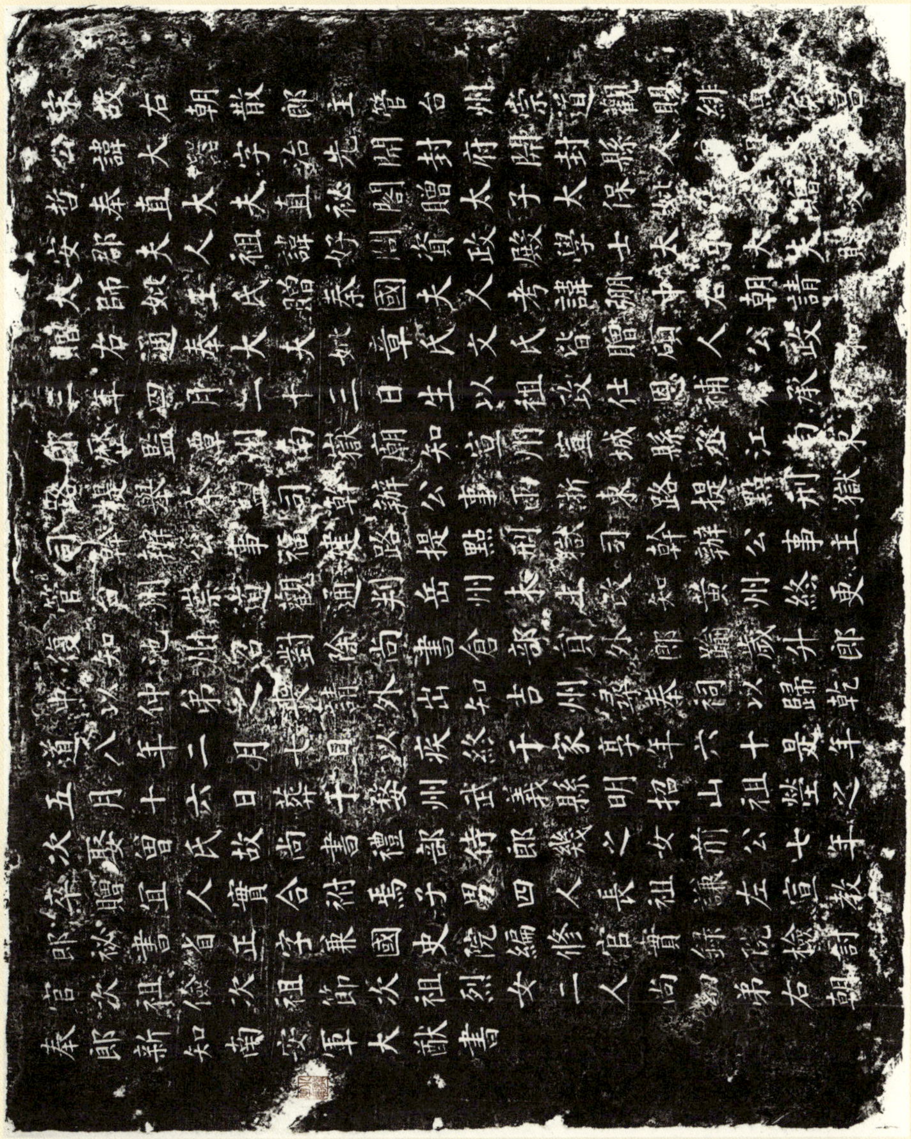

宋吕大器圹志

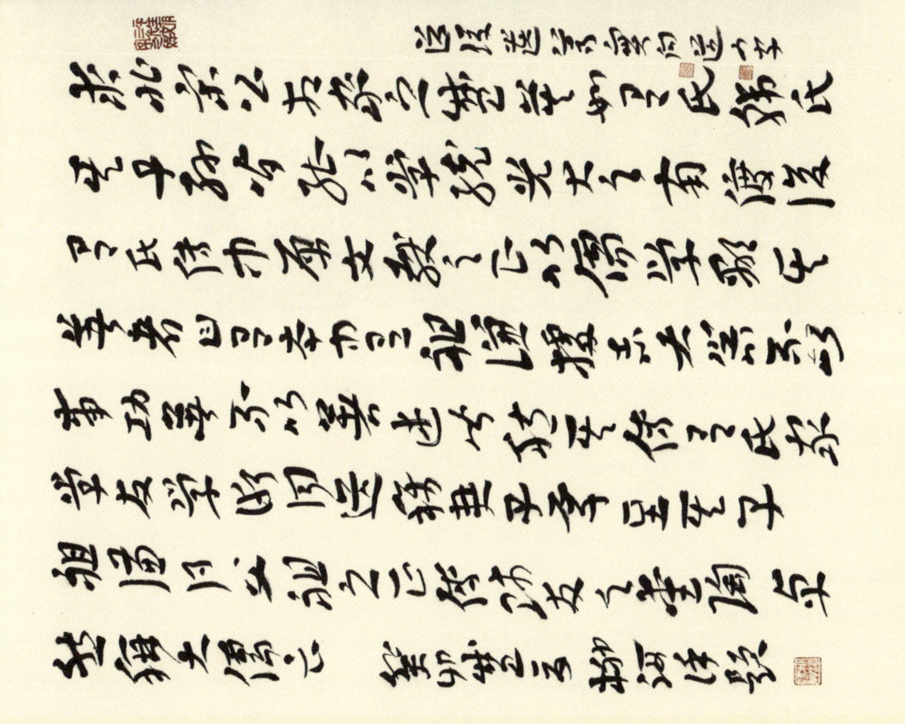

公諱大器字治先開封府開封縣人[illegible]
哲奉直大夫直祕閣贈太子太保妣[illegible]氏贈[illegible]
安郡夫人祖諱好問資政殿學士太中大夫贈
太師妣王氏贈秦國夫人考諱弸中右朝請
贈右通奉大夫妣章氏文氏皆贈碩人公政和
三年四月二十三日生以祖致仕恩補承務
郎歷監曾州南嶽廟知宣州宣城縣丞江南東
路提舉茶鹽司幹辦公事兩浙東路提點刑獄
司幹辦公事福建路提點刑獄司幹辦公事主
管台州崇道觀通判岳州未上改知黄州終更
復知池州召對除尚書倉部員外郎踰歲升郎
中以仲弟之喪請外出知吉州尋奉祠以歸乾
道八年二月七日以疾終于家享年六十是年
五月十六日葬于婺州武義縣明招山祖塋之
次娶曾氏故尚書禮部侍郎幾之女前公七年
卒贈宜人實合祔焉子男四人長祖謙左宣教
郎祕書省正字兼國史院編修官實録院檢討
官次祖儉次祖節次祖烈女二人尚幼弟右朝
奉郎新知南安軍大猷書

## 宋吕大器圹志

画心（碑石）尺寸：高65.0厘米　宽82.0厘米

原石藏武义县博物馆

柳河跋

**释文：**

宋故右朝散郎、主管台州崇道观、赐绯鱼袋吕公讳大器，字治先，开封府开封县人。曾祖讳希哲，奉直大夫，直秘阁，赠太子太保；妣张氏，赠文安郡夫人。祖讳好问，资政殿学士、太中大夫，赠太师；妣王氏，赠秦国夫人。考讳弸中，右朝请郎，赠右通奉大夫；妣章氏、文氏，皆赠硕人。

公政和三年四月二十三日生，以祖致仕恩补右承务郎，历监潭州南岳庙、知宣州宣城县丞、江南东路提举茶盐司干办公事、两浙东路提点刑狱司干办公事、福建路提点刑狱司干办公事、主管台州崇道观、通判岳州，未上，改知黄州，终更复知池州。召对，除尚书仓部员外郎，逾岁升郎中。以仲弟之丧请外出，知吉州，寻奉祠以归。乾道八年二月七日，以疾终于家，享年六十。是年五月十六日，葬于婺州武义县明招山祖茔之次。娶曾氏，故尚书礼部侍郎几之女，前公七年卒，赠宜人，实合祔焉。

子男四人：长祖谦，左宣教郎、秘书省正字兼国史院编修官、实录院检讨官；次祖俭；次祖节；次祖烈。女二人，尚幼。

弟右朝奉郎、新知南安军大猷书。

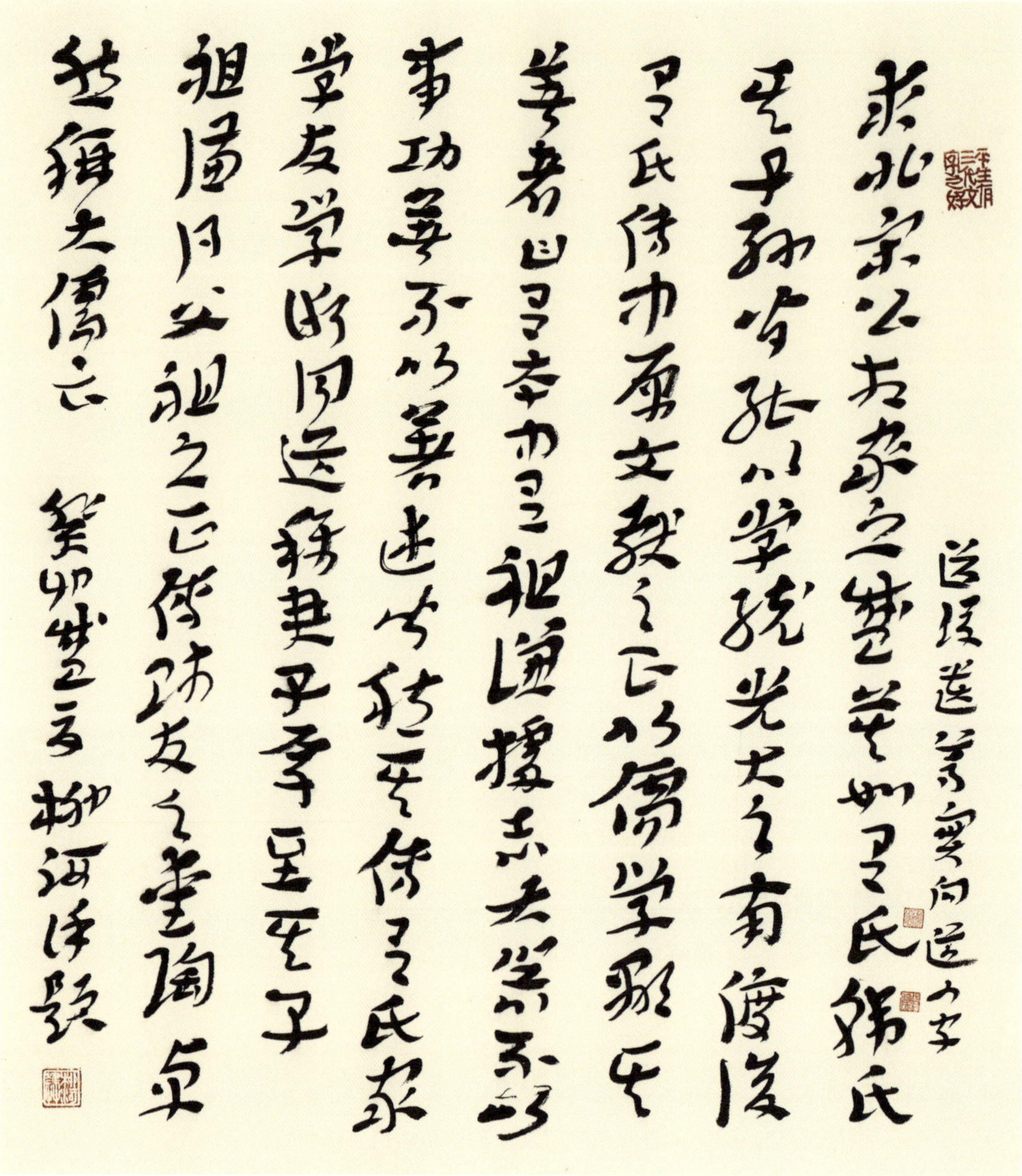

**跋：**

求北宋公相家之盛，莫如吕氏、韩氏，其子孙皆能以学统光大之。南渡后，吕氏传中原文献之正，以儒学显。其著者，曰吕本中、吕祖谦。据志，大器不以事功著，不以著述闻。然其传吕氏家学，友学术同道，称君子焉。至其子祖谦，得父祖之正传、师友之熏陶，卓然称大儒云。癸卯盛夏，柳河拜题。

“道”后遗“笃实向道”四字。

**编者按：**

按志，子四人：祖谦、祖俭、祖节、祖烈。然据《吕大器妻曾氏圹志》，曾氏有子三人：祖谦、祖俭、祖节。则祖烈非曾氏子无疑。

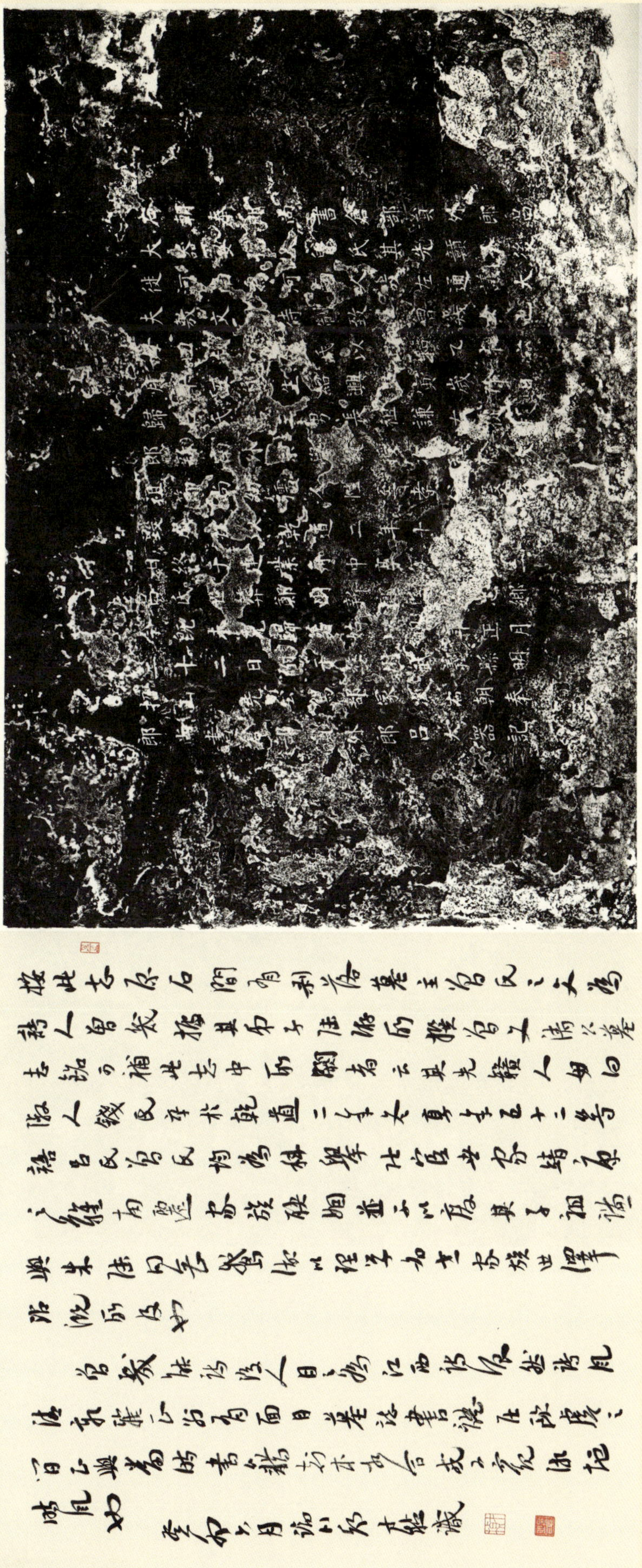

宋吕大器妻曾氏圹志

右朝奉郎尚書倉部員外郎呂
大器妻[illegible]曾氏其先潁人後
徙河南為河南人故左通議大
夫敷文閣待制致仕曾幾女也
女[illegible][illegible]氏以[illegible]和乙[illegible]六
月十五日生紹興[illegible]寅歲[illegible]日
歸[illegible]氏[illegible]三男長祖謙右從
郎[illegible]南外宗[illegible][illegible]授[illegible][illegible]
祖[illegible]尚幼[illegible]人性至孝[illegible][illegible]
毀[illegible]疾以乾道二年十
日終于建業府中享年五十二
呂氏[illegible]葬鄭州新[illegible][illegible]鄉
今既未克歸葬姑[illegible][illegible]年正月
二十二日[illegible]于[illegible]州武義縣明
招山先塋[illegible]部冢[illegible]右朝奉
郎尚書倉部員外郎呂大器記

## 宋吕大器妻曾氏圹志

画心（碑石）尺寸：高69.0厘米　宽98.0厘米

原石藏武义县博物馆

邱才桢跋

**释文：**

右朝奉郎、尚书仓部员外郎吕大器妻孺人曾氏，其先赣人，后徙河南，为河南人，故左通议大夫、敷文阁待制致仕曾几女也，母曰淑人□氏。以政和乙未六月十五日生，绍兴甲寅岁除日归吕氏。生三男：长祖谦，左从政郎、新南外宗学教授；次祖俭；次祖节，尚幼。

孺人性至孝，父没，哀毁成疾，以乾道二年十□月一日终于建业舟中，享年□□二。吕氏世葬郑州新郑县怀忠乡，今既未克归葬，姑以明年正月二十二日祔于婺州武义县明招山先公驾部冢次。

右朝奉郎、尚书仓部员外郎吕大器记。

童乂刊。

**跋：**

按此志原石间有剥落。墓主曾氏之父为诗人曾几，据其弟子陆游所撰《曾文清公墓志铭》，可补此志中所阙者云“其先赣人”“母曰淑人钱氏”“卒于乾道二年冬享年五十二”等语。吕氏、曾氏，均为科举仕宦世家。靖康之难，南迁家族联姻，并不以废。其子祖谦，与朱、陆同会鹅湖，以理学名世。家族世泽，沾溉所及也。

曾几能诗，后人目之为江西诗派，然诗风清新雅正，别有面目。墓志书体在欧、虞之间，正与当时书籍刻本相合，或又可观浙地时风也。癸卯六月，临川邱才桢识。

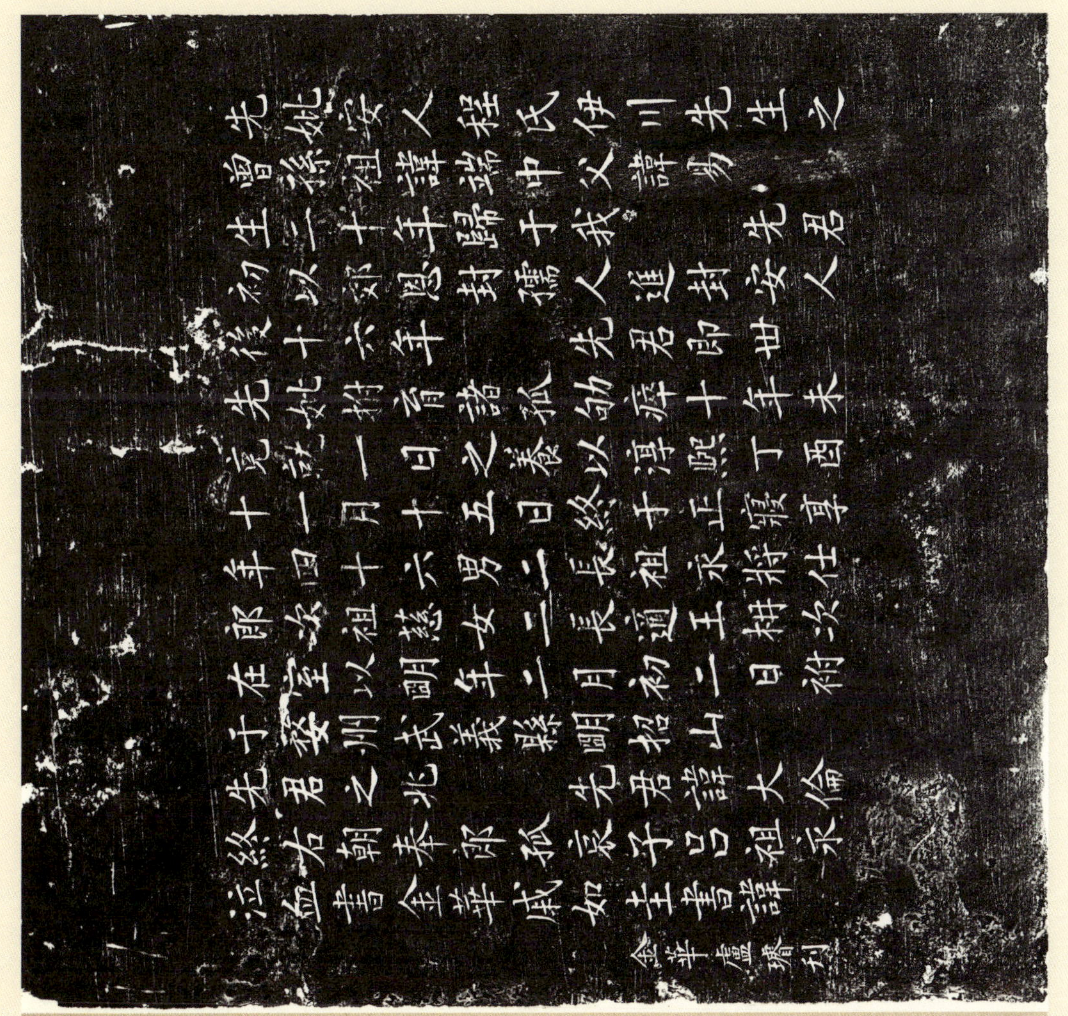

宋吕大伦继室程氏圹志

先妣安人程氏伊川先生之
曾孫祖諱端中父諱易
生二十年歸于我 先君
初以郊恩封孺人進封安人
後十六年 先君即世
先妣拊育諸孤劬瘁十年未
竟就一日之養以淳熙丁酉
十一月十五日終于正寢享
年四十六男二長祖永將仕
郎次祖慈女二長適王柟次
在室以明年二月初二日祔
于婺州武義縣明招山
先君之兆 先君諱大倫
終右朝奉郎孤哀子呂祖永
泣血書金華戚如圭書諱
金華盧瓚刊

## 宋吕大伦继室程氏圹志

画心（碑石）尺寸：高68.5厘米　宽66.5厘米

原石藏武义县博物馆

王波跋

**释文：**

先妣安人程氏，伊川先生之曾孙，祖讳端中，父讳易。生二十年归于我先君，初以郊恩封孺人，进封安人。后十六年，先君即世，先妣拊育诸孤劬瘁，十年未克就一日之养，以淳熙丁酉十一月十五日终于正寝，享年四十六。

男二：长祖永，将仕郎；次祖慈。女二：长适王楠；次在室。以明年二月初二日祔于婺州武义县明招山先君之兆。先君讳大伦，终右朝奉郎。

孤哀子吕祖永泣血书。

金华戚如圭书讳。

金华卢璇刊。

**跋：**

曩阅宋人读碑图，有骑驴而立者。窃疑焉：“碑清晰如斯，可远观而读乎？”后往武义博物馆观馆藏宋人墓志石刻。郑嘉励先生指此本原石曰：“此志初出土时，洗以水，水尽墨。心亦疑焉。后所见日博，又加久思，始悟古人刊墓志毕，于底衬上墨，于字迹填白灰。如是则黑白灿然，颇便观览。入土之石且如此，则地表之碑刻，本为阅读计，其为黑底白字可知矣。”积年之疑，一朝顿释。癸卯盛夏，王波于台州白云山麓。

韓氏墓誌
紹興三十二年秋吾女將葬於婺州明招山呂氏之兆吾婿慟而曰盍有以誌之乎吾
謂誌無如子宜則又慟而曰祖謙哀甚矣不能文也然吾則又何文相與叙其哀亦所
以誌吾女也蓋吾女名招於次為長生十八年而嫁祖謙者今黃州之子也為右迪功
郎得尉桐廬縣吾六世祖冀公與黃州六世祖文靖公同事仁宗在政地五世祖宮
師與黃州五世祖正獻公交善又同輔元祐黃州祖右丞公及吾諸祖父為昆弟交
兩家族姓甲天下契誼甚厚吾從姑始嫁右丞第四子[illegible]問吾女幼時始見而愛之謂
宜婦呂氏而祖謙行適等故以歸焉吾女性慧惠讀書識大指女功一見輒解不妄言
笑呂族無大細咸稱之嫁五年矣位吾官遠不得歸寧日夜以為言今年春始擬其歸
俱來則又趣之前歸曰凡思侍父母心一也豈以吾故滯子耶既而生子男也喜以為
無恨乃病熱不能寐若自知其不起者曰兒不孝累父母亦且負良人吾妻驚問之則
曰為人子者不可斯須棄父母也今命實短棄父母而往非不孝何人之要妻將以終
老也今不俟其老而先焉負之矣吾妻聞其言而悲猶謂其譫也吾聞其言而疑不謂
其果然也將没之夕執吾手道後事有不忍捨父之嘆勸其母以勿憂呼諸妹前人人
戒之俾寬吾夫婦也語其婢子寄謝舅姑間甚備未至曰不能待也取紙作字視其書
視兒女而已撫其嬰兒曰吾有一女而又一男亦足奉吾祀矣左右皆號泣則遽曰吾
念欲正毋相亂也囑儒誦佛書終篇遂革嗚呼尚忍言之哉始黃州自教其子學以有
立謂非吾女不足為配至是書來予曰君先此賢女吾亡此孝婦矣夫以吾女之不
從見其成就敢以為賢唯其奉吾夫婦無違事舅姑知禮節於其夫敬而能助處其
知而有則不知古所謂賢婦人如何哉蓋享年二十有三女曰復男曰康年其生以庚
申歲正月二十二日死以今年六月二十三日葬以九月二十六日右奉議郎司農
寺主簿潁川韓元吉書

按呂祖謙凡三娶為大韓氏小韓氏芮氏此大韓氏墓誌乃韓氏父元吉譔然未見于氏著南澗甲乙稿東萊集卷十三祔韓氏志云二
女長曰復幼曰螺有以為大韓氏名復小韓氏名螺者然呂祖儉譔呂祖謙壙志明云子男三人岳孫喬孫早夭延年甫三歲女二人
華年適進士潘景良螺女亦早夭則復螺皆為呂祖謙之女且復當即適潘景良之呂華年據志有子二人女曰復男曰康年
亦可得其實又及岳孫喬孫中之一人當即呂康年早夭然呂祖謙子侄中另有人名呂康年者需分別辨之四朝聞見錄洛學
條曰諸學子孫惟呂氏未墜成公猶子康年甲戌廷對真文忠欲寘之狀頭同列以其言中書之務未清抵觸時政文忠固爭
不得遂自甲寅乙卯其人也
癸卯夏六月五日袁家妙自京師歸後跋

宋吕祖谦妻韩氏圹志

紹興三十二年秋吾女將葬於婺州明招山呂氏之兆吾壻慟而曰盍有以誌之乎吾
謂誌無如子宜則又慟而曰祖謙哀甚矣不能文也然吾則又何文相與叙其哀亦所
以誌吾女也蓋吾女名招於次爲長生十八年而嫁祖謙者今黄州之子也爲右迪功
郎得尉桐廬縣吾六世祖冀公與黄州六世祖文靖公同事仁宗在政地五世祖宮
師與黄州五世祖正獻公友善又同輔元祐黄州祖右丞公及吾諸祖父爲兄弟交
兩家族姓甲天下契誼甚厚吾從姑始嫁右丞第四子[illegible]閤吾女幼時姑見而愛之謂
宜婦呂氏而祖謙行適等故以歸焉吾女性惠讀書識大指女功一見輒解不妄言
怒呂族無大細咸稱之嫁五年矣從吾官遠不得歸寧日夜以爲言今年春始與其壻
俱來則又趣之歸曰凡思侍父母心一也豈以吾故滯子耶既而生子男也喜以爲
無恨乃病熱不能寐若自知其不起者曰兒不孝累父母亦且負良人吾妻驚問之則
曰爲人子者不可斯須棄父母也今命實短棄父母而往非不孝何人之娶妻將以終
老也今不保其壽而先焉負之矣吾妻聞其言而悲猶謂其譫也吾聞其言而疑不謂
其果然也將沒之夕執吾手道後事有不忍捨父之嘆勸其母以勿憂呼諸妹前人人
戒之俾寬吾夫婦也語其婢子寄謝舅姑問其壻未至曰不能待也取紙作字視其善
視兒女而已撫其嬰兒曰吾有一女而又一男亦足奉吾祀矣左右皆號泣則遽曰吾
念欲正毋相亂也囁嚅誦佛書終篇遂革嗚呼尚忍言之哉始黄州自教其子學以有
立謂非吾女不足爲配至是書來弔曰君失此賢女吾亡此孝婦矣夫以吾女之不
得見其成就敢以爲賢唯其奉吾夫婦無違事舅姑知禮節於其夫敬而能助處其家
知而有則不知古所謂賢婦人如何哉蓋享年二十有三女曰復男曰[illegible]年其生以庚
申歲正月二十二日死以今年六月二十三日葬以九月二十六日去右奉議郎司農
寺主簿潁川韓元吉書

# 宋吕祖谦妻韩氏圹志

画心（碑石）尺寸：高97.0厘米　宽70.5厘米

原石藏武义县博物馆

戴家妙跋

**释文：**

韩氏墓志

绍兴三十二年秋，吾女将葬于婺州明招山吕氏之兆。吾婿恸而曰："盍有以志之乎？"吾谓："志无如子宜。"则又恸而曰："祖谦哀甚矣，不能文也。"然吾则又何文？相与叙其哀，亦所以志吾女也。盖吾女名招，于次为长。生十八年而嫁祖谦者，今黄州之子也，为右迪功郎，得尉桐庐县。

吾六世祖冀公与黄州六世祖文靖公同事仁宗在政地。五世祖宫师与黄州五世祖正献公友善，又同辅元祐。黄州祖右丞公及吾诸祖父为兄弟交。两家族姓甲天下，契谊甚厚。吾从姑始嫁右丞第四子秘阁。吾女幼时，姑见而爱之，谓宜（妇）〔归〕吕氏。而祖谦行适等，故以归焉。

吾女性慈惠，读书识大指，女功一见辄解，不妄喜怒。吕族无大细，咸称之。嫁五年矣，值吾宦远，不得归宁，日夜以为言。今年春，始与其婿俱来，则又趣之前归，曰："凡思侍父母心一也，岂以吾故滞子耶？"既而生子男也，喜，以为无恨。乃病热，不能寐，若自知其不起者，曰："儿不孝，累父母，亦且负良人。"吾妻惊问之，则曰："为人子者，不可斯须弃父母也。今命实短，弃父母而往，非不孝何？人之娶妻，将以终老也。今不俟其老而先焉，负之矣。"吾妻闻其言而悲，犹谓其谵也。吾闻其言而疑，不谓其果然也。将没之夕，执吾手道后事，有不忍舍父之叹。劝其母以勿忧。呼诸妹前，人人戒之，俾宽吾夫妇也。语其婢子，寄谢舅姑。问其婿，未至，曰："不能待也。"取纸作字，祝其善视儿女而已。抚其婴儿，曰："吾有一女，而又一男，亦足奉吾祀矣。"左右皆号泣，则遽曰："吾念欲正，毋相乱也。"嗫嚅诵佛书终篇，遂革。呜呼！尚忍言之哉！

始，黄州自教其子学以有立，谓非吾女不足为配。至是，书来吊曰："君失此贤女，吾亡此孝妇矣。"夫以吾女之质，不得见其成就，敢以为贤？唯其奉吾夫妇无违，事舅姑知礼节，于其夫敬而能助，处其家和而有则。不知古所谓贤妇人如何哉？盖享年二十有三。女曰复，男曰康年。其生以庚申岁正月二十二日，死以今年六月二十三日，葬以九月二十六日云。

右奉议郎、司农寺主簿颍川韩元吉书。

**跋：**

按吕祖谦凡三娶，为大韩氏、小韩氏、芮氏。此大韩氏墓志，乃韩氏父元吉撰，然未见于氏著《南涧甲乙稿》。《东莱集》卷十三《祔韩氏志》云“二女，长曰复，幼曰螺”，有以为大韩氏名复，小韩氏名螺者。然吕祖俭撰《吕祖谦圹志》明云：“子男三人：岳孙、齐孙，早夭。延年甫三岁。女二人：华年，适进士潘景良；嫘女亦早夭。”则复、螺皆为吕祖谦之女。且复当即适潘景良之吕华年。据志，有子二人，“女曰复，男曰康年”，亦可得其实。又及，岳孙、齐孙中之一人，当即吕康年，早夭。然吕祖谦子侄中，另有人名吕康年者，需分别辨之。《四朝闻见录》“洛学”条曰：“诸学子孙，惟吕氏未坠。成公犹子康年，甲戌廷对，真文忠欲置之状头。同列以其言中书之务未清，恐触时政。文忠固争，不从，遂自甲置乙。”即其人也。癸卯夏六月五日，戴家妙自京师归后跋。

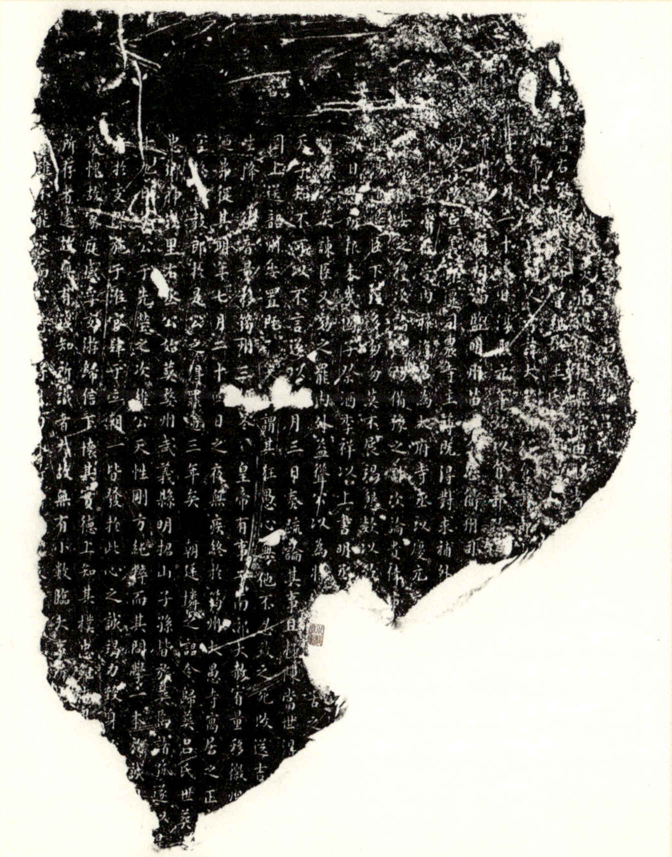

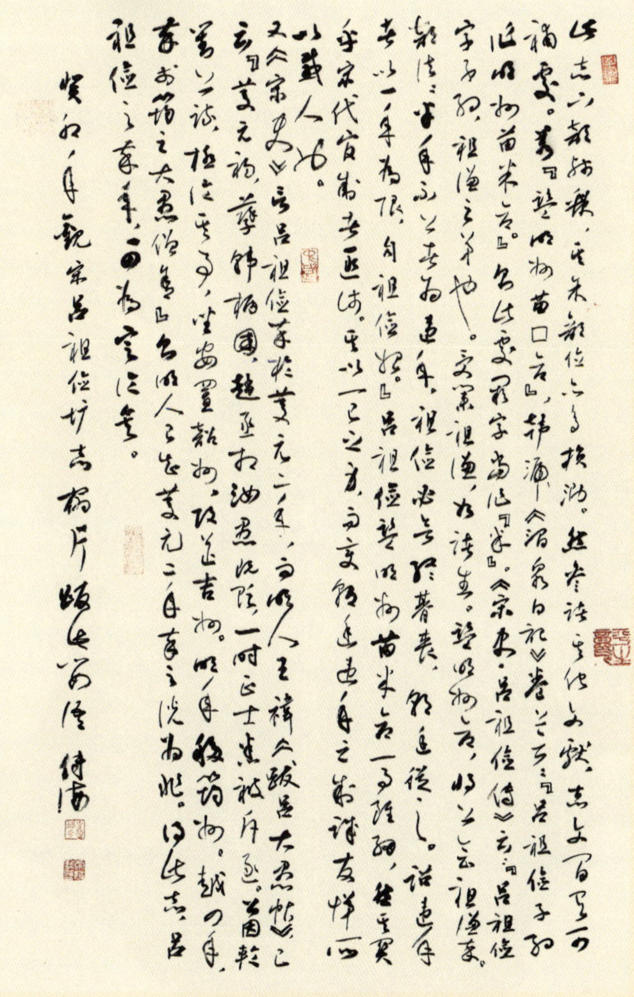

宋吕祖俭圹志

[illegible]父[illegible]尚[illegible]常由[illegible]考

書右[illegible]曾祖[illegible]王氏[illegible]

[illegible]帝[illegible]諱大[illegible]

[illegible]十八日[illegible]元[illegible]以[illegible]

[illegible]州[illegible]有[illegible]監明州苗[illegible]衢州司

田[illegible]宮[illegible]長[illegible]選司農寺主簿既得對求補外

[illegible]上[illegible]帝受内禪[illegible]名為太府寺丞以慶元

[illegible]安之禮[illegible]論[illegible]備豫之計次論貴倖[illegible]

[illegible]臣下[illegible]匆匆莫不展竭懇款以[illegible]

[illegible]日[illegible]所報未幾國子祭酒李祥以上書明[illegible]

[illegible]之[illegible]諫臣又劾之罷内外益聳[illegible]以為特[illegible]古之

天子知不可以不言遂以[illegible]月三日奏疏論其事且極陳當世得[illegible]

因上疏詔[illegible]安置[illegible]謂其狂愚心無他不忍致之死改送吉[illegible]

生降[illegible]諭[illegible]量移筠州三[illegible]冬[illegible]皇帝有事于南郊大赦宥量移徽州

廼弟從其明年七月二十四日之夜無疾終於筠州大愚寺寓居之正[illegible]

宜[illegible]奉議郎於是公之得罪遷三年矣　朝廷憐之詔令歸葬呂氏世葬

忠[illegible]鄉[illegible]里右丞公始葬婺州武義縣明招山子孫皆祔葬焉諸孤遂以

十[illegible]月[illegible]日[illegible]公于先塋之次維公天性剛方純粹而其問學一本於誠

於文[illegible]施于從官肆于立朝一皆發於此心之誠竭力致身[illegible]

[illegible]愧故家庭感事交遊歸信下懷其實德上知其樸忠[illegible]

所存者遠故無有[illegible]知所識者大故無有小數臨大事[illegible]

雖不能[illegible]

## 宋吕祖俭圹志

画心（碑石）尺寸：高99.0厘米　宽62.5厘米

原石藏武义县明招山明招讲院内碑廊

胡传海跋

**释文：**

□□□□□□□□吕氏。维吕氏……□□□□建炎南渡，避徙无常。曾祖考……书右丞，赠太师，曾祖妣王氏□□□□□□……妣章氏□□硕人。考讳大器，□□仓部郎中……年八月二十八日，淳熙元年始以仓部致……潭州南岳庙，祠满，监明州苗□仓，历衢州司……田令，改宣义郎，迁司农寺主簿，既得对，求补外……今上皇帝既受内禅，复召为太府寺丞，以庆元……皇帝问安之礼，次论□□备豫之计，次论贵幸……快易进退，臣下复多匆匆，莫不展竭悬款以……激。日思所报，未几，国子祭酒李祥以上书明丞……宠秩之矣。谏臣又劾之，罢，内外益耸。公以为将□□□□古之……天子，知不可以不言，遂以□月三日奏疏论其事，且极陈当世得……罔上，送韶州安置。既天子谓其狂愚，心无他，不忍致之死。改送吉……生，降德音，量移筠州。三年冬，皇帝有事于南郊，大赦宥，量移徽州……乃弗徙。其明年七月二十四日之夜，无疾终于筠州大愚寺寓居之正……官终宣教郎，于是公之得罪逾三年矣。朝廷怜之，诏令归葬。吕氏世葬……忠乡神崧里，右丞公始葬婺州武义县明招山，子孙皆族葬焉。诸孤遂以是……十九日葬公于先茔之次。维公天性刚方纯粹，而其问学一本于诚……行于交际，施于莅官，肆于立朝，一皆发于此心之诚，竭力致身……发愧故家庭感孚交游归信，下怀其实德，上知其朴忠。虽志……所存者远，故无有浅知；所识者大，故无有小数。临大事所……□虽不能容，而公……

…………

**跋：**

此志下部残缺，其余部位亦多损泐。然参诸其他文献，志文间有可补处。若“监明州苗□仓”，韩淲《涧泉日记》卷上云：“吕祖俭子约作明州苗米仓。”则此处阙字当作“米”。《宋史·吕祖俭传》云：“吕祖俭字子约，祖谦之弟也。受业祖谦，如诸生。监明州仓，将上，会祖谦卒。部法：半年不上者为违年。祖俭必欲终期丧，朝廷从之。诏违年者以一年为限，自祖俭始。”吕祖俭监明州苗米仓一事虽细，然其关乎宋代官制者匪浅。其以一己之身，而变朝廷违年之制，诚友悌所以感人也。

又《宋史》言吕祖俭卒于庆元二年，而明人王袆《跋吕大愚帖》已云“庆元初，孽韩柄国，赵丞相汝愚既贬，一时正士悉被斥逐。公因轮对上疏，极论其事，坐安置韶州，改送吉州。明年，移筠州。越四年，卒于筠之大愚僧舍”。则明人已知庆元二年卒之说为非。得此志，吕祖俭之卒年，可为定论矣。

癸卯年观宋吕祖俭圹志拓片，跋此数语。传海。

此志亦新发现，而未能经人多核对。然参诸其他文献，志文可补一二。

其『葬明招山苗口原』，韩淲《涧泉日记》卷上云：『吕祖俭子约迁明招山苗米原』。今此志可补字为『米』。《宋史·吕祖俭传》云：『吕祖俭字子约，祖谦之弟也。』宋儒祖谦，其德业葬明招山者，时人亦云祖谦家谪徙之事年亦不甚为远年。祖俭必亦终于贬所，故追从之。谪迁年当以一年为限，自祖俭始，『吕祖俭葬明招山苗米原』一事俱细，然更兼年宋代官制当匹此。更以一己之力，与文献互证，尤见年之深识存焉心以载人也。

又《宋史》亦云吕祖俭卒于庆元四年，与明人王祎《跋吕太史帖》已云『庆元初，韩侂胄，赵汝愚既死，一时正士俱被斥逐。』其因乾道以后，据此，安置韶州，改送吉州。明人叶发药州。越四年，卒于筠之大愚僧舍』，与明人亦云庆元二年卒之说为非。得此志，吕祖俭之卒年，可为定论矣。

戊戌八月观宋吕祖俭圹志拓片跋此以识 待海

呂榮年字華父子長子也母曰榮澤黄氏始予娶之三載適入
官主土簿而榮年生是為先君第三孫幼不耆弄王父母皆
隆愛之及長沈静知尚執律不事□□足迹不輕出門性温厚
於人無迕其在親側循循如也唯謹□居言若不出口至付以
事俓輒領解徐察其為率整有條理從師肄學□□進可觀期
異日慰吾老倏感疾終于會稽里舍得年二十有二當榮年疾
革語灑然如常時臨没與父母訣神爽不亂猶以病中手裝書
為言少焉即瞑烏虖可哀也已榮年生以淳熙十年四月二十
七日卒以嘉泰四年六月十三日自予曾大父太□□公大父
祕閣先君右司悉葬婺州武義縣明招山榮年卒之歲十月丁
酉乃以其喪祔於祖塋□□□有□子叔駿年七歲矣先以慶
元戊午夏六月□瘞越之□□□是亦從其匶葬于榮年壙側
蓋同兆云凡□□貫籍名諱具載史傳家牒可考見者皆不書
父從政郎新和□□事參軍祖憲記

按志

呂榮年生平較簡少特出之事然於其葬也適足以見明招呂氏家族墓園已成聚族之載體故呂氏諸子孫生於他鄉卒於他鄉者亦多歸葬焉而部分成員亦有葬於外地者若有年即以咸淳癸酉四月甲申日窆於紹興府山陰縣謝墅之原然而此呂有年之父呂祖平亦葬其母方夫人於明招山家族墓中

宋呂榮年壙志跋

癸卯 姜壽田書

宋吕荣年圹志

呂榮年字華父予長子也母曰滎澤蔡氏始予娶之三載適入
官主上虞簿而榮年生是為先君第三孫幼不耆弄王父母皆
隆愛之及長沈靜知尚軌律不事游[illegible]足迹不輕出門性温厚
於人無迕其在親側循循如也唯謹[illegible]居言若不出口至付以
事廼輒領解徐察其為率整有條理從師肄學業進可觀期
異日慰吾老倏感疾終于會稽里舍得年二十有二當榮年疾
革語灑然如常時臨没與父母訣神爽不亂猶以病中手裝書
為言少焉即瞑烏虖可哀也已榮年生以淳熙十年四月二十
七日卒以嘉泰四年六月十三日自予曾大父太[illegible]葬公大父
秘閣先君右司丞葬婺州武義縣朗招山榮年卒之歲十月丁
酉乃以其喪祔於祖塋[illegible]歎予有[illegible]子叔駿年七歲矣先以慶
元戊午夏六月[illegible]瘞越之近郊[illegible]是亦從其匶葬于榮年壙側
蓋同兆云凡先[illegible]貫籍名諱具載史傳家牒可考見者皆不書
父從政郎新和[illegible]事參軍祖憲記

童進刊

## 宋吕荣年圹志

画心（碑石）尺寸：高66.0厘米　宽40.0厘米

原石藏武义县博物馆

姜寿田跋

**释文：**

吕荣年，字华父，予长子也，母曰荥泽薛氏。始予娶之三载，适入官主上虞簿，而荣年生，是为先君第三孙。

幼不耆弄，王父母皆隆爱之。及长沈静，知尚轨律，不事浮习，足迹不轻出门。性温厚，于人无迕，其在亲侧，循循如也。唯谨平居，言若不出口，至付以事，乃辄领解，徐察其为，率整有条理，从师肄学业，□进可观，期异日慰吾老。倏感疾，终于会稽里舍，得年二十有二。当荣年疾革，语洒然如常时，临没与父母诀，神爽不乱，犹以病中手装书为言，少焉即瞑。乌虖！可哀也已。

荣年生以淳熙十年四月二十七日，卒以嘉泰四年六月十三日。自予曾大父太师莱公、大父秘阁、先君右司，悉葬婺州武义县明招山。荣年卒之岁十月丁酉，乃以其丧祔于祖茔之次。予有四子，叔骏，年七岁矣，先以庆元戊午夏六月逝，瘗越之近郊，至是亦徙其匶葬于荣年圹侧，盖同兆云。凡先世贯籍、名讳，具载史传家牒，可考见者皆不书。

父从政郎、新和州录事参军祖宪记。

童逊刊。

按志
呂榮年生平較簡少特出之事
然於其葬也適足以見明招呂
氏家族墓園已成聚族之載體
故呂氏諸子孫生於他鄉卒於
他鄉者亦多歸葬焉而部分成
員亦有葬於外地者若有年即
以咸淳癸酉四月甲申日窆於紹
興府山陰縣謝墅之原然前
此呂有年之父呂祖平亦葬其
母方夫人於明招山家族墓中
宋呂榮年壙志跋
癸卯 姜壽田書

**跋：**

按志，吕荣年生平较简，少特出之事。然于其葬也，适足以见明招吕氏家族墓园，已成聚族之载体。故吕氏诸子孙，生于他乡，卒于他乡者，亦多归葬焉。而部分成员，亦有葬于外地者，若有年，即以“咸淳癸酉四月甲申日窆于绍兴府山阴县谢墅之原”。然前此吕有年之父吕祖平，亦葬其母方夫人于明招山家族墓中。

宋吕荣年圹志跋。

癸卯，姜寿田书。

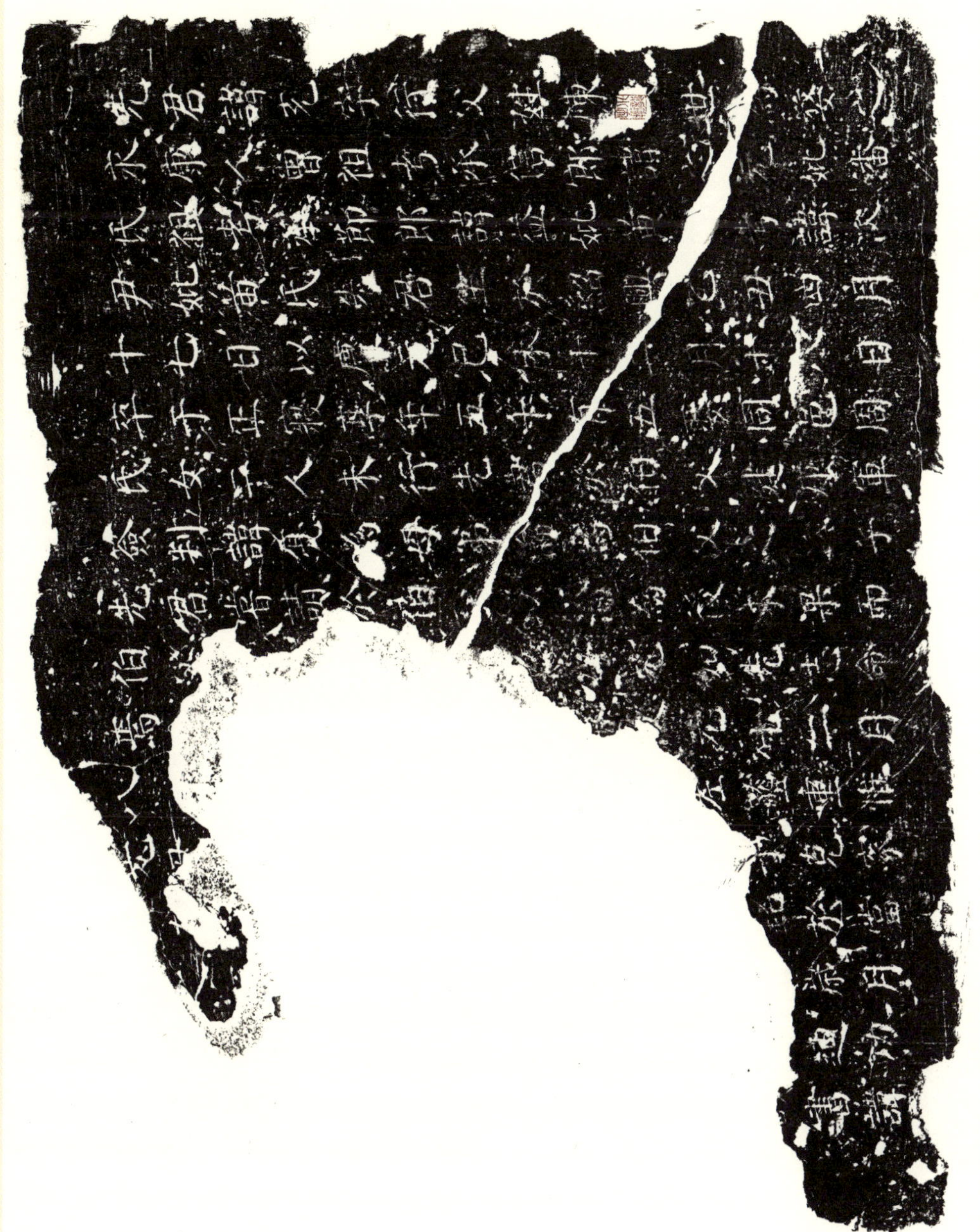

宋陈充圹志

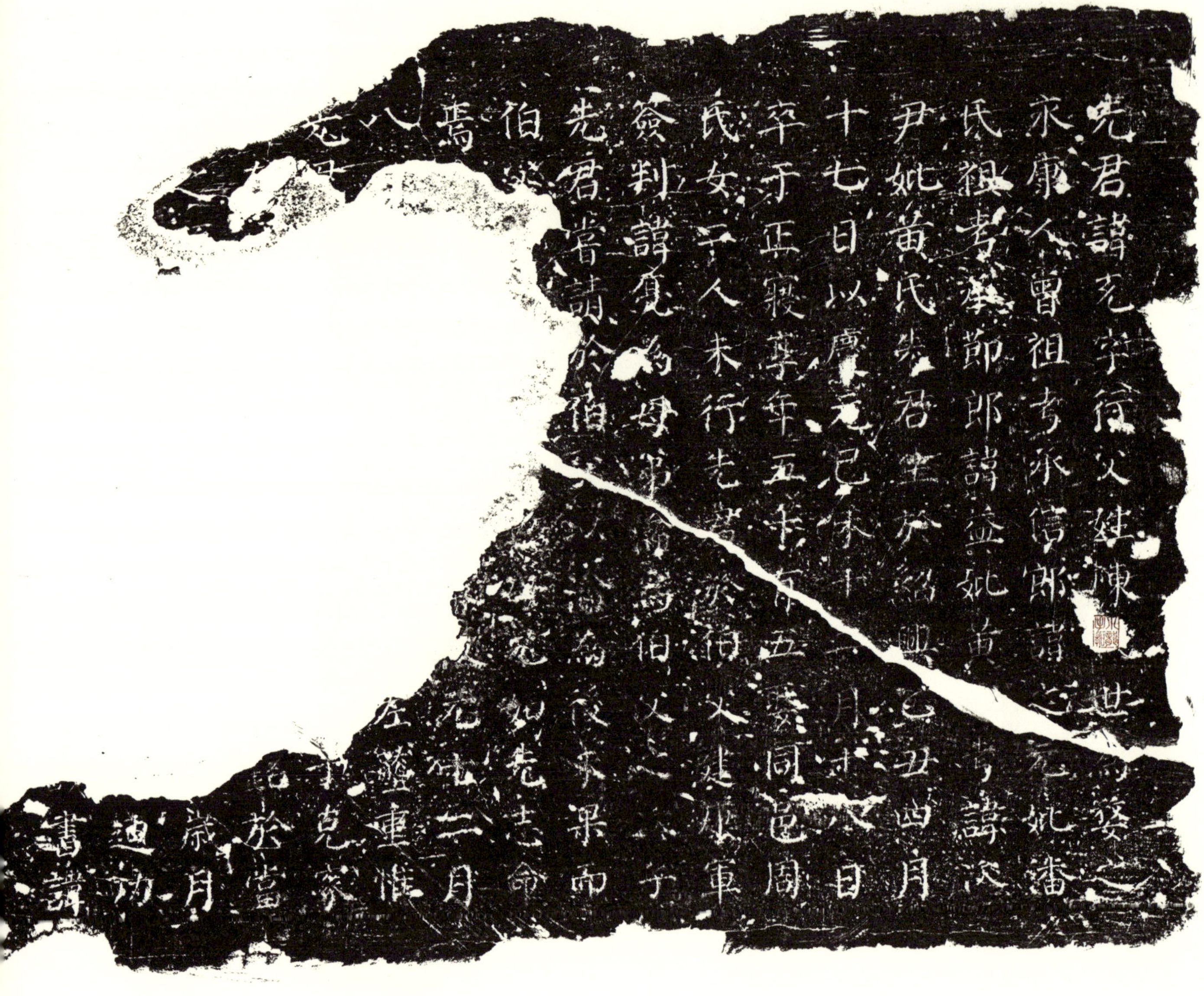

陳克壙志

先君諱克字行父姓陳世爲婺之
永康人曾祖考承信郎諱[illegible]妣潘
氏祖考承節郎諱益妣黃[illegible]考諱沃
尹妣黃氏先君生於紹興己丑四月
十七日以慶元己未十一月十八日
卒于正寢享年五十有五葬同邑周
氏女子[illegible]人未行先君[illegible]伯父建康軍
簽判諱覔爲母弟[illegible]爲伯父之子
先君嘗請於伯[illegible]爲後承祭而
伯[illegible]如先志命
焉[illegible]克妣二月
八[illegible]左蘊連惟
克[illegible]克家
銘於當
歲月
迪功
書諱

## 宋陈充圹志

画心（碑石）尺寸：高60.5厘米　宽81.0厘米
原石藏永康市博物馆
张其凤跋

**释文：**

先君讳充，字行父，姓陈氏。世为婺之永康人。曾祖考承信郎讳之元，妣潘氏。祖考承节郎讳益，妣黄氏。考讳次尹，妣黄氏。先君生于绍兴乙丑四月十七日，以庆元己未十二月十八日卒于正寝，享年吾十有五。娶同邑周氏。女二人，未行。先君于伯父建康军签判讳亮为母弟。瀹为伯父之次子，先君尝请于伯父，以瀹为后。未果，而伯父□□□□□□□□如先志命焉。□□□□□□□□元十二月八□□□□□□□□□□左垄，重惟先母□□□□□□□□□事克家□□□□□□□□□□□铭于当□之□□□□□□□□□□□岁月□□□□□□□□□□□□迪功□□□□□□□□□□□□□书讳。

按志所言陳氏先世情狀多已見諸陳亮先祖府君
墓志銘先祖府君墓志銘云一子曾祖也諱知元
宣和間以隸武弁例赴京城守禦從大將劉延慶
死於固子門外則陳亮陳充先祖之諱一作知元
一作之元為小異耳娶同邑周氏者據陳亮周
夫人黃氏墓志銘則周晄之女也

其風跋於癸卯

**跋：**

按，志所言陈氏先世情状，多已见诸陈亮《先祖府君墓志铭》。《先祖府君墓志铭》云：“一子，曾祖也，讳知元，宣和间以隶武弁，例赴京城守御，从大将刘延庆死于固子门外。”则陈亮、陈充先祖之讳，一作“知元”，一作“之元”，为小异耳。“娶同邑周氏”者，据陈亮《周夫人黄氏墓志铭》，则周晄之女也。其风跋于癸卯。

宋叶适墓志

## 宋叶适墓志

画心（碑石）尺寸：高32.0厘米　宽23.0厘米

原志及拓片藏温州博物馆

徐文平跋

**释文：**

大宋吏部侍郎叶文定公之墓。淳祐十年吉立。

**跋：**

按《宋史》，叶适谥忠定，然后人多所怀疑。检诸史料，陈昉《颍川语小》云：“《邵氏闻见录》：‘有叵罗，不知何物。’叶文定公《端午》诗云：‘立瓶叵罗银价踊。’是直以沙罗为叵罗。”“瑞安叶文定公，族本龙泉，凡公所题号皆曰龙泉叶某。”《温州路重建庙学记》云：“嘉熙甲戌，遍葺之尤丽，水心叶文定公为记。”是传世文献亦有以叶适谥文定者。得此志，谥文定者之说，可定谳矣。癸卯中伏后一日，古栝徐文平。

據孫詒讓東甌金石志是志因墓圮而得今已移入瑞安市博物館收藏東甌金石志於是志著錄綦詳並附校勘考訂今志石剝蝕殊甚故取東甌金石志所錄石本文字參合孫詒讓校語與止齋先生文集相校並寫校語如右

壙識文集作壙誌 唐補闕令之之後文集僅一之字 淳熙乙巳八月丙子葬文集作淳熙乙巳八月卒 葬之明年十月丁酉文集作卒之明年十月 璆琳卧所居之里之李奥原公所自為墳葬焉 璆琳文集作孫某 李文集作子或係字跡殘損 屬傅良為狀 傅良文集作某 日薛采薇收來具日上文集有葬字當據補 納諸幽文集作納之幽 公諱是宋知政事孫文集作由也曰某也文集作曰薛良朋也 公某曾大父大父父之名文集皆作某得此誌可補其闕 右丞忠簡公景衡之姊女文集於右丞前有故字而無景衡二字 富陽縣尉文集作富陽縣主簿 聞之下文集有淳熙二年進士六字適足以補此石之闕 邑子陳傅良文集無

癸卯六月十八日 崔樹强於海上香樹園際南寓

宋薛良朋墓志

## 宋薛良朋墓志

画心（碑石）尺寸：高60.0厘米　宽92.0厘米

原石及拓片藏瑞安市博物馆

崔树强跋

**释文：**

（志石剥落过多，故取孙诒让《东瓯金石志》石本录文，以见其全貌。）

宋故敷文阁直学士薛公圹识

公姓薛氏，讳良朋，字季益，唐补阙令之之后。繇闽徙温，其在永嘉，则讳弼，官至敷文阁待制；在瑞安，则公，官至敷文阁直学士。盖中兴相望为名臣。公治丽水有声，荐入冑监检法、御史台丞奉常，为尚书郎，选知徽州，将漕江东、二浙，守临安府，擢工部侍郎，迁吏部，以学士出守福、泉、荆南、成都，制置四川。食祠禄于家十年，以淳熙乙巳八月丙子薨，年七十，阶通奉大夫，封永嘉郡公，赠光禄大夫。薨之明年十月丁酉，孤璆、琳即所居里之平奥原公所自为坟葬焉。前事，二孤与婿校录公言行一编，属傅良为状。傅良虽生后，然与公同乡，晚数得及门受教，又雅从子姪游，以所讲闻视今录尚多阙。惟状当上太史氏，谢不敢草。孤泣诉："日浅，采获故未具，今大事不可乏，请书其概，纳诸幽，而状俟他日。"于是识曰：

绍兴之季年，朝廷更用二三大臣，所汲引皆当世之选，而公繇参知政事辛公以进。及今上时，陈福公相，遂班从臣。观人莫若观所与，公所与何如哉！方扈跸金陵，佐戎淮甸，天子召见无虚岁，人人谓才，欲有所拨烦，必曰薛某也。治且安久，先进多凋落，而公亦老矣。归故庐，深与人绝，短衣幅巾，往还樵牧间，公固自忘其为才，而上时时记不忘也。至其以荒政修，进直龙图阁，三抗章，竟不拜。官同产子二人而不以及孙，则又过人矣。

曾大父文銿；大父京，承奉郎；父得舆，累赠正议大夫。母许氏，右丞忠简公景衡之侄女，赠太硕人。娶章氏，封硕人。子男二人：璆，宣教郎，知饶州余干县；琳，宣义郎，新知福州连江县。三女：适林袠，从政郎，新监左藏封桩库门；章伯奋，迪功郎，前临安府富阳县尉；戴闾之，宣教郎，新知绍兴府上虞县。孙五人，及官者二人。邑子陈傅良述。

據孫詒讓東甌金石志是志因墓圯而得今已移入瑞安市博物館收藏東甌金石志於是志著錄綦詳並附校勘考訂今志石剥蝕殊甚故取東甌金石志所錄石本文字參合孫詒讓校語與止齋先生文集相校並寫校語如右

壙識文集作壙誌唐補闕今之之後文集僅一之字淳熙乙巳八月丙子葬文集作淳熙乙巳八月辛亥之明年十月丁酉文集作辛之明年十月璆琳即所居之里之李奧原公所自為墳葬焉璆琳文集作孫某李文集作子或係字跡殘損屬傳良為狀傳良文集作某日薄采葭故未具日上文集有葬字當據補納諸幽文集作納之幽公錄是參知政事錄文集作由必曰某也文集作曰薛良朋也子若曾大父大父父之名文集皆作某得此志可補其闕右丞忠簡公景衡之姪女文集於右丞前有故字而無景衡二字富陽縣尉文集作富陽縣主簿闕之下文集有淳熙二年進士六字適足以補此石之闕邑子陳傅良文集無

癸卯六月十八日　崔樹強於海上香樹國際南窗

**跋：**

据孙诒让《东瓯金石志》，是志因墓圮而得，今已移入瑞安市博物馆收藏。《东瓯金石志》于是志著录綦详，并附校勘考订。今志石剥落殊甚，故取《东瓯金石志》所录石本文字，参合孙诒让校语，与《止斋先生文集》相校，并写校语如左：

"圹识"，《文集》作"圹志"。"唐补阙令之之后"，《文集》仅一"之"字。"淳熙乙巳八月丙子薨"，《文集》作"淳熙乙巳八月卒"。"薨之明年十月丁酉"，《文集》作"卒之明年十月"。"璆琳即所居之里之平奥原公所自为坟葬焉"，"璆琳"，《文集》作"孤某"；"李"，《文集》作"子"，或系字迹残损。"属傅良为状"，"傅良"，《文集》作"某"。"日薄采获故未具"，"日"上，《文集》有"葬"字，当据补。"纳诸幽"，《文集》作"纳之幽"。"公繇是参知政事"，"繇"，《文集》作"由"。"必曰某也"，《文集》"必曰薛良朋也"。至若曾大父、大父、父之名，《文集》皆作"某"，得此志，可补其阙。"右丞忠简公景衡之侄女"，《文集》于"右丞"前有"故"字，而无"景衡"二字。"富阳县尉"，《文集》作"富阳县主簿"。"闿之"下，《文集》有"淳熙二年进士"六字，适足以补此石之阙。"邑子陈傅良"，《文集》无。

癸卯六月十八日，崔树强于海上香檞国际南窗。

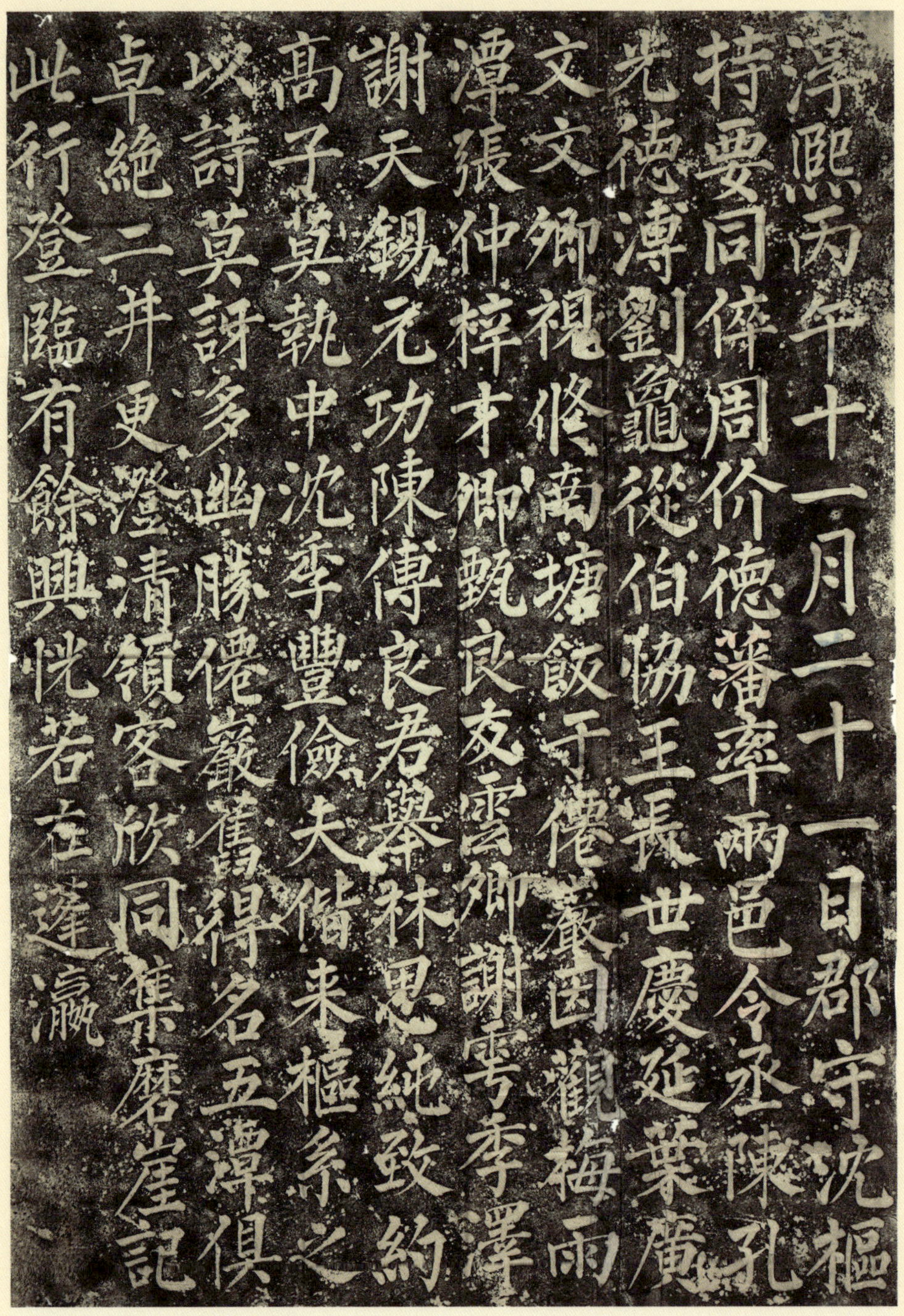

淳熙丙午十一月二十一日郡守沈樞持要同倅周价德藩率兩邑令丞陳孔光德溥劉龜從伯協王長世慶延葉廣文文卿視修南塘飯于僊巖因觀梅雨潭張仲梓才卿甄良友雲卿謝雩季澤謝天錫元功陳傅良君舉林思純致約高子莫執中沈季豐儉夫偕來樞系之以詩莫訝多幽勝僊巖舊得名五潭俱卓絕二井更澄清領客欣同葉磨崖記此行登臨有餘興恍若在蓬瀛

淳熙十一年陳傅良受命知桂陽軍至十四年到任待闕候職期間於仙巖創辦書院以作育人才淳熙十三年丙午時傅良正於仙巖任教故同從郡守沈樞諸人遊

陳傅良在太學與呂祖謙交善其為學主經世致用又与陳亮近似宜其後永嘉婺州永康三派合稱浙東學派也

梅雨潭乃仙巖勝跡旁有讀書臺傳為傅良當年研學之所明弘治间建止齋祠即今陳文節公祠原址

歲次癸卯夏後學田振宇恭跋於嘉禾南湖之畔

宋沈枢仙岩题记并诗

## 宋沈枢仙岩题记并诗

画心（碑石）尺寸：高132.0厘米　宽87.0厘米

石刻不存，拓片藏温州博物馆

田振宇跋

**释文：**

淳熙丙午十一月二十一日，郡守沈枢持要，同倅周价德藩率两邑令丞陈孔光德溥、刘龟从伯协、王长世庆延、叶广文文卿视修南塘，饭于仙岩，因观梅雨潭。张仲梓才卿、甄良友云卿、谢雩季泽、谢天锡元功、陈傅良君举、林思纯致约、高子莫执中、沈季丰俭夫偕来。枢系之以诗："莫讶多幽胜，仙岩旧得名。五潭俱卓绝，二井更澄清。领客欣同集，磨崖记此行。登临有余兴，恍若在蓬瀛。"

淳熙丙午十一月二十一日郡守沈樞
持要同倅周价德藩率兩邑令丞陳孔
光德溥劉龜從伯協王長世慶延葉廣
文文卿視修南塘飯于僊巖因觀梅雨
潭張仲梓才卿甄良友雲卿謝雩季澤
謝天錫元功陳傅良君舉林思純致約
高子莫執中沈季豐儉夫偕來樞系之
以詩莫訝多幽勝僊巖舊得名五潭俱
卓絕二井更澄清領客欣同集磨崖記
此行登臨有餘興恍若在蓬瀛

淳熙十一年陳傅良受命知
桂陽軍至十四年到任待闕
候職期間於仙巖創辦書院
以作育人才淳熙十三年丙午
時傅良正於仙巖任教故得
從郡守沈樞諸人遊
陳傅良在太學與呂祖謙
友善其為學主經世致用
又与陳亮近似宜其後永
嘉婺州永康三派合稱浙
東學派也
梅雨潭乃仙巖勝跡旁有
讀書臺傳為傅良當年
研學之所明弘治间建止齋
祠即今陳文節公祠原址
歲次癸卯夏後學田振宇
恭跋於嘉禾南湖之畔

**跋：**

淳熙十一年，陈傅良受命知桂阳军，至十四年到任。待阙候职期间，于仙岩创办书院，以作育人才。淳熙十三年丙午，时傅良正于仙岩任教，故得从郡守沈枢诸人游。

陈傅良在太学，与吕祖谦友善。其为学主经世致用，又与陈亮近似。宜其后永嘉、婺州、永康三派合称浙东学派也。

梅雨潭乃仙岩胜迹，旁有读书台，传为傅良当年研学之所。明弘治间，建止斋祠，即今陈文节公祠原址。

岁次癸卯夏，后学田振宇恭跋于嘉禾南湖之畔。

此志巩山堂先生庭芝撰并书。山堂先生于建炎间始迁家于武义，而以祖传之学教于里中。宋濂赞曰：武义人氏知尚义理之学，自庭芝始。则其于武义士风之转变关系匪浅，亦足见其人之足贵。庭芝之文之足存也，其诗文之流传者惟武川文钞于嘉定巩氏谱中辑得所撰先世传记数篇而已，惜也。读此刘氏之行状，亦可考而山堂先生于历武义之情状，亦由此得详。山堂先生手迹于今存世，得读此极问有用也。先生所为文多矣，宋故太安人王氏墓志铭存武义宋元墓志集录中。

癸卯五月寸波于湖上

宋刘兖墓志铭

## 宋刘究墓志铭

画心（碑石）尺寸：高152.0厘米　宽72.8厘米

原石藏武义县明招山明招讲院碑廊

方波跋

**释文：**

宋隐居刘君墓志铭（篆额）

宋故隐居刘君墓志铭

左宣教郎、新知绍兴府诸暨县主管学事劝农公事巩庭芝撰并书

侄右朝奉郎、签书昭信军节度判官厅公事、赐绯鱼袋邦翰篆盖

刘姓初著于永嘉，在五季时，有曰器者游婺之武成，爱其山川之胜，因家焉。胄裔蝉连，不啻十世，植资者浸以丰，力学者浸以众。数十年来，或嗣擢科第，或继腾乡荐，或结姻王公，文绅武弁浸以多。于是复为郡之著姓、邑之甲族。器之迹，虽不备传于父老、详见于家牒，然其后克昌，则培根种本，谅惟深厚。

予避地南渡，建炎末来为寓客，尚及识刘氏三老，今俱亡矣。久之，诸刘群从竞来从学。予后卜居曲湖，实通阡共社，又妇甥皆刘出也，故与之益密。绍兴戊寅秋，予游浦阳，故人刘彦和遗之书云：定卜以冬十有一月辛酉，葬先隐君于邑之太平乡钱里坞祖茔之侧，敢以姻友王纪子持所状行事，求铭志其圹。使介鼎来，不得辞，因序而铭之。

隐君讳究，字东镇，于器为仍孙，所识三老之一也。曾祖惟则，祖政，父仲甫，皆潜晦不仕，妣何氏。君未冠而孤，伯兄嗜书，阔略生业，仲氏独主家事，食齿增夥，用度不给。君默疚于怀，悉力赞助，身任难剧，且不以一毫私其孥。未几，遽以富闻。母夫人庄毅叵犯，君养志无违。既永感厚，营窀穸，储橐为空。迄今邦人评送终之腆者，指为称首。二兄喜延客，君为办具，晨烹夜割，曾靡厌惮，俨立拱侍，若父前也。

宣和庚子，青溪之难，城阓四鄙率为盗区，势家巨室得祸尤惨，君阖门无虑千指，浮沉鲸鲵间，不遭啮噬。里之人红帕其首矣，犹相与护君之家。

故庐烬于纵火，又共立栋宇，具器用迎舍之，供馈良勤，始终不变。尝念鄙夫偎子资雄力侠，暴物已甚，平世乐岁尚有欲淬刃甘心者，矧妖狂弄兵，抗官军，戕有司，无丝发顾藉意，而于君独尔，孰谓为善无报耶？举此以概君之行已，不必复致诘矣。

# 宋故隱居劉君墓誌銘

左宣教郎新知紹興府諸曁縣主管學事勸農公事犖　庭芝撰并書

姪右朝奉郎簽書昭信軍節度判官廳公事賜緋魚袋　邦禎篆蓋

劉姓初著于東嘉在五季時有白器者避婺之亂成愛其山川之勝因家焉胄裔蕃遂不啻十世植資者率以豐力學者率以衆數十年來或嗣擢科第或□膺鄉薦或結姻王公文紳武弁率以多於是浸為郡之著姓邑之望族器之蹟雖不備傳于父老詳見于家牒然其後克昌則培根種本源惟深厚予避地南渡遷大求來為甯客尚及識劉氏三老今俱亡矣久之諸劉羣從競來從學予後卜居西湖壇通阡共社又婦甥皆劉出也故與之益密紹興戊辰秋予遊浦陽故人劉彥知遺之書云定卜以冬十有一月辛酉葬先隱君于邑之太平鄉錢里塢祖塋之側薌以姻友王紀子持所狀行事求銘誌其壙使介鼎來不得辭因序而銘之隱君諱寀字東鎮於器為仍孫所識三世之一也曾祖惟則祖政父仲甫皆潛晦不仕妣何氏君未冠而孤伯兄嗜書闇略生業仲氏獨主家事食齒曾□用度不給君默疚于懷悲□□□□性難闕且不以一毫私其身未幾遂以留闕母夫人莊毅叵犯君養志無違既永感辱營宅穸儲宗為空迄今邦人評送終之費者指為稱首二兄善延容君為辦具晨烹夜劃曾靡厭憚儀立扶侍若父前也宣和庚子青谿之難城闘四郡卒為盜區勢家巨室得禍尤慘君闔門無憾千指浮沉鯨鯢間不遭齧嗟里之人紅怕其首矣猶相與護君之家故廬燼于縱火又共立棟宇北浴用迎舍之供饋良勤始終不變嘗急鄰天保子貧雄力俠業物已甚乎世樂歲尚有欲浮刃甘心者劇妖任弄兵抗官軍戕有司無絲毫顧籍意而於君獨爾孰謂為善無報邪舉此以槩君之行己不忍復致詰矣仲兄沒諸子鬩分異君彌縫具久卒不可乃任其推予不輕息下□寡也己拊之請立券君曰借債無藉吾肯有汝曹耶衆愧而止親舊之絕或有急難勇於拯濟多過初望橋梳摧敗相距雖遠見以補治視如門閫階城之私也蓄劑和藥閱計資費人有疾痛手自饋藥縱涂人之疎亦莫之新迎曷鬪者委曲鐫喻判別曲直戒勿終訟往惴慴謝去水旱出頻耕夫未及有請與仕撫校編減田租似恐後倚北□與懷帶來之多或以過厚幾官□□晨子□舊留善代我營□□□□□□□□□□□□□乎吾廬少虛廊何傷哉居在長松之陰夏秋多雨川流怒漲山蓁林塢之詆阻遠廛市至閡日連夕無炊煙君必為系淪陳不製挐舟艤往飲良之不以法淵泓踐淬洋為庸也成以為常齒涉者支赴居聰明未乗悉以門戶伏臘謁度屬之二子無復少以自涸料理園樊日涉成趣垂三十年不入城郭二子亦能左右娛奉以成其高閑之福為癸酉之秋因子姪內集忽誨之曰吾壽八十有二歷非久于世者興日哭吾之後勉務憚撐兄弟之子猶子也毋以彼我毋爭錙寸失手足歡為識者之所嗟鄙也言緒諄復類與之說別家人以為不祥繞辰浹果感疾八月十有九日卒于寢易簀之際容不戚語不亂辰仲弟拍如浮屠偶像然已若共之性婦懿敏恬靜密詳而於事不苟措未妙齡取本弗先究心于簡冊不然其然以學業身必矣自少暨老怡于祭祀賓客井邑雲蒙得君主香火莫不淘勞懲禱居室雖不泓為華借而總卒劣寵几席嚴整如禪房道院倅塔族至衛燕豆接從容肴醴醴潔杯樹雅飭猶宿具也娶同邑楊氏□賴甘蒲三子長曰定仲曰□□□多疾去家學佛賜號妙應大師前卒矣季曰佺四女長歸湯吏次歸右宣教郎權護遂安州軍事□徐偉孫□歸王邦□季歸嫁者女孫□□孫曰槐白□曰省曰橋六女□長歸曹大亮次歸右迪功郎監潭州南嶽廟王□之次歸楊大任餘在室□□□□總儒童三稚孫就傅機穎巖巖可妻會有□家亢宗者子搭倩情季閨士與州古最三賢良諸孫顧今而中原名族也曾孫男二女一供幼憶洪範五福言富而不及貴況者謂富符兼貴□妾也貴居崇高之極非作福作威玉食之辟其誰敢當若富則通上下臨富矣不壽不康寧不好德不考終命舉非其全然其一其二其三其五除于天不可力致獨好德一福近出吾心世俗無知謬信陽虎之言謂仁□富不兩立故常安於不仁有慨於德惟君不違於仁斯為攸好德有以將其福者是宜銘銘曰

夔龍之裔　振于南溫
自君徙婺　其後滋蕃
有隱君子　肥遁丘樊
恥以貲雄　恃善以尊
鄉決餘澤　人無異言
然考耋耄　福考具惇
體魄終殯　休聲永存
先壟之側　錢塢之原
下瘞協吉　北山之根
汪源翁潑　寧木楙□
壽翁賓姚　芘衍子孫
孫□□□　克大□□

仲兄没，诸子图分异，君弥缝甚久，卒不可，乃任其推予，不较高下多寡也。已析，又请立券。君曰：“借使无籍，吾肯负汝曹耶？”众愧而止。亲旧乏绝，或有急难，勇于拯济，多过初望。桥航摧败，相距虽远，见必补治，视如门閲阶墄之私也。蓄剂和药，罔计资费，人有疾痛，手自馈施，纵涂人之疏，亦莫之靳。

遇嚣斗者，委曲镌喻，判别曲直，戒勿终讼，往往惭慑谢去。水旱虫螟，耕夫未及有请，亟往检校，蠲减田租似恐后，时比之□□常失之多。或以过厚为言，□曰：“农子犯寒触暑，代我营也。□□愧怜□□□□不能偿费乎！吾廪少虚，庸何伤哉？”

居在长溪之阴，夏秋多雨，川流怒涨，山麓林坞之氓，阻远虚市，至阅日连夕无炊烟，君必为黍瀹蔬衣制，拏舟躬往饮食之，不以凌湍浪践泞淖为难也，岁以为常。齿涉耆艾，起居聪明未衰，悉以门户伏腊调度属之二子，无复少以自溷。料理园樊，日涉成趣。垂三十年，不入城郭。二子亦能左右娱奉，以成其高闲之福焉。

癸酉之秋，因子侄内集，忽诲之曰曰：“吾寿八十有二，虑非久于世者。异日哭吾之后，勉务辑穆，兄弟之子犹子也，毋分彼我，毋争铢寸，失手足欢，为识者之所嗤鄙也。”言绪谆复，类与之诀别。家人以为不祥。才辰浃，果感疾，八月十有九日卒于寝。易箦之际，容不戚，语不乱，屈伸手指如浮屠偶像然，见者异之。

性端悫敏悟，缜密详巧，于事不苟。惜夫妙龄敦本，弗克究心于简册，不然，其能以学发身必矣。自少暨老，恪于祭祀、宾客。井邑雩荥，得君主香火，莫不雨旸应祷。居室虽不恣为华僭，而窗户窈窕，几席严整，如禅房道院。猝客旅至，征燕豆，接从客，肴醴丰洁，杯柈雅饬，犹宿具也。

娶同邑杨氏，壸范甚肃。二子：长曰定；仲曰法湍，幼多疾，去家学佛，赐号妙应大师，前死矣；季曰佺。四女：长归汤史；次归右宣教郎、权发遣英州军州事徐传孙；次归王邦彦；季归汤耆老。四男孙：曰槐，曰松，曰眉，曰桧。六女孙：长归曹大亮，次归右迪功郎、监潭州南岳庙王焕之，次归杨大任，余在室。定、佺、槐，皆懋儒业。三稚孙就傅机颖，嶷嶷可喜，会有起家亢宗者。子婿孙倩率闻士英州古丽三贤良，诸孙庙令亦中原名族也。曾孙男二，女一，俱幼。

噫！《洪范》五福，言富而不及贵，说者谓富得兼贵，斯妄也。贵居崇高之极，非作福作威，玉食之辟，其谁敢当？若富则通上下，既富矣，不寿不康，宁不好德？不考终命，举非其全。然其一、其二、其三、其五系于天，不可力致。独好德一福，近出吾心。世俗无知，误信阳虎之言，谓仁与富不两立，故常安于不仁，有愧于德。惟君不违于仁，斯为攸好德有以将其福者。是宜铭，铭曰：

豢龙之裔，振于南温。自器徙婺，其后滋蕃。有隐君子，肥遁丘樊。耻以资雄，恃善以尊。乡浃余泽，人无异言。齿兮耋耄，福兮具惇。体魄终殒，休声永存。先垄之侧，钱坞之原。卜瘗协吉，兆安云根。汪源斎澄，宰木楙繁。寿尔寡姥，芘尔子孙。孙孙子子，克大其□。

童乂、童锐□。

**跋：**

此志巩山堂先生庭芝撰并书。山堂先生于建炎间南渡，家于武义，而以祖传之学教于里中。宋濂赞曰：“武义人氏知尚义理之学，自庭芝始。”则其于武义士风之转变，关系匪浅。亦足见其人之足贵，其文之足存也。然其著述诗文之流传者，惟《武川文钞》于《真定巩氏谱》中辑得所撰先世传记数篇，为可憾也。读此，刘氏之行迹，斑斑可考，而山堂先生初历武义之情状，亦可得而详。山堂先生手迹极少存世，得读此拓，洵满目生光也。先生所为文，另有《宋故太安人王氏墓志铭》，存《武义宋元墓志集录》中。癸卯五月，方波于湖上。

此誌為南宋洪邁撰書，文集
失載。劉邦翰正史無傳，
弘治徽州府志有載，云字
子宣，紹興間嘗知祁
門縣，每見官吏以蒙興學
明善養育士類，凡百遇
事果決，訟無留民，咸
德之，可與墓誌相發明。
洪邁不為饒州人，邦翰嘗
知此郡，又二公同官於歙，以
交厚，故邁為其亡而述之
歸也。
邁善書，皇宋書錄言其善
隸書，綜畫漢刻之，未云
其隸書，吾未之見，存世者
唯此楷書歟，要之可寶也。
容齋隨筆四筆卷十四
王居正封駁有云王繼
先方以醫進，今此志正合
侍後所吻之字為醫無疑
也。又識
陳志平並書

宋故朝議大夫集英殿修撰東陽劉
公墓誌銘
太中大夫充集英殿修撰提舉南
京鴻慶宮豫章郡開國侯食邑一
千五百戶洪邁撰并書
承奉郎新差書徐州軍事判官聽
公事洪梓題額
公諱邦翰字子[illegible]婺州武義人曾祖
文政祖坤東主特贈監簿父翰贈正
奉大夫公少時頴以力學起門戶男
稚密郭公三益奇愛之任以官又妻
以女和監南岳廟調臨安右司理參
軍侍賢王继先勢方盛恃指日攝人
至邏廷与姑蘇人有[illegible]說媛婢為
理奮然殺罪其曲尹諭復以本肯聽
懼且怒然臨色辭公徐視言曰其必
所在雖用勢轉捕明使君不見容正
當去耳競不改蘇久竟捷直自是獄
讞或以事請廊皆拒曰願勿讀[illegible]
蓋憚之也刑獄詳皆察三國其復不
如所對公伸析救與無滯詞復者吐
當與獄不當如此邦師王鼎論為會
以父憂去終制復為[illegible]理留
守晁謙之少公年屬賓客以試刑
迎手漢釋醫家有為祿軍被邢居
再戲醫為人所死其家實原狙于官
械具矣晁公疑焉移付公公[illegible]不
然原始由自誣之而近戒無曰身隨
囚尾皆損不勝痛非公深相摘宗死
而死耳公曰然則何所取證原曰醫
沒時四迺在江北疾与同年宴其家

驗明甚奈書獄者不与直何況遂為
實原以不冤死其居官正清[illegible]經用
不市肉晁訪其術曰生無[illegible]全
儲量奉以為出若口體累若門
那晁動色嘆歎它日用獄空改知始
能具鰥寡接諸曹懼滯獄[illegible]滿以
爲牘奎倩签曰以是為劉君墓四坐
籍貫吏畏憚非我乎如[illegible]得自[illegible]
歛戢色建八館不好[illegible]公[illegible]杖[illegible]
榮祀轉通數郎知徽州祈門縣[illegible]
當受役國名數免稿[illegible]里長職[illegible]
三子期執券[illegible]乙江[illegible]
不落吏手摘[illegible]
非周淡不[illegible]
建承[illegible]席[illegible]
異粮米日[illegible]
不逆[illegible]徹之[illegible]
皆還[illegible]
旧將[illegible]下[illegible]
物賤上戶不敢[illegible]
人者[illegible]
首就[illegible]辨江西使[illegible]府
皇上[illegible]兵[illegible]入[illegible]公
客詩親軍將使領[illegible]尾[illegible]入[illegible]坐
伏奉門衆[illegible]定西道[illegible]其安道[illegible]淳
州以[illegible]本充上[illegible]四年[illegible]詔
廷臣舉士中書舍人洪邁[illegible]大夫
陳良祐司農少卿胡[illegible]
知常德府[illegible]縣龍[illegible]有[illegible]地
與書[illegible]建昌[illegible]急則
其獄[illegible]命嚴保伍法從三鄉來者

毋得輒居停里無底姦歲辛卯不稔
饑廩振民出於涂者迹相躡度患弗
可徧台令富室曰而常愛耕者必令
流殍如織胡不募以佃爾田蓄且
於官能踰越者論如律既同詞聽命
懦而無歸者雇使築江陵貽武陵百
世利民名曰劉公隄徙知鄂州旋總
領湖廣六路財賦故時鄂屯兵多地
無寬閑泊家宿荊襄向之[illegible]盛已一
切成市一日　天子下令嘗為
柵者還其軍貪將乘釁包侵無限極
公條本元以請有　旨復予民
在武昌久謦言溢江而下
天子益知其可用轉升無空年由貞
外郎為郎中由司農少卿為卿召拜
戶部侍郎入見為　上言諸
道兵當汰者比多寘外郡壯用其力
老而弃之居者去者皆不以為便若
仍留本屯但給元奉半使丁家不蕩
析宜必喜　上即以諭江淮
大將歷告麾下皆驩呼恨晚議遂行
萬旅蒙國恩而州郡牢稟之顉茲益
滅文昌故實侍郎尚書多日理曹事
其體鈞有急痒顓已者公不忍傳合
力匄外會襄陽謀帥乃拜集英殿脩
撰以往城中比比火起公曰是必
有姦慝撼吾土者除宿之得而戮于
市災寢不作邊書安靖又引疾欲歸
命為饒州方襄章故山娩自伏而饒
土游餞　璽書[illegible]四趣上公罪
車寔來徐撰傑挈其帑癯身荒餘憂

積弗解以淳熙十年三月辛巳卒官
享年七十累階朝議大夫[illegible]復誕辭
正和氣藹人如春當[illegible]不以禍魄[illegible]
又畏尚異惟别貯藏之遇濟士求謁
則箋以付故考終之日橐無贏資好
讀班左書為詩淬礪人[illegible]嘗訓諸
子曰士從自卑當用心至用而不能
卓然以成者慾為之累也其卑生尚
志蓋如此令人郭氏先下世六男子
粹中從政郎敵中宣教郎純中承直
郎時中楷中安中七女子適宗正丞
張叔椿直龍圖閣廣東經略都總管
鞏湘提舉淮東常平周權宣教郎盧
介壽通直郎張松進士黃閎蔡如愚
孫男八人作霖作則作肅作舟作孚
作謀作德作哲孫女十三人將以辛
之明年十一月甲申葬于邑清溪之原
粹中使乞銘邁卓与公同官于欽塊
相從是邦吊其亡而送其歸契如是
可不銘銘曰
著紫持橐羌卓犖身非不值兮
年彌七帙壽乃卑福非不至兮
子六壻七善自延鼎鼎通貴兮
緜罕祖尊列麾幡所居官治兮
山立玉潔清以澈無玷可議兮
流連西州滋好脩獨載仁惠兮
惟桑与梓民益喜方[illegible]止兮
生榮死悲胡不歸行路追喟兮
我無健筆寫聲賞董二什二兮
清溪之上神所相其千萬祀兮
童遜摹刊

# 宋刘邦翰墓志铭

画心（碑石）尺寸：高75.7厘米　宽98.0厘米

原石藏武义县明招山明招讲院碑廊

陈志平跋

**释文：**

（碑阳）

宋故朝议大夫、集英殿修撰东阳刘公墓志铭

太中大夫、充集英殿修撰、提举南京鸿庆宫、豫章郡开国侯、食邑一千五百户洪迈撰并书

承奉郎、新签书复州军事判官厅公事洪梓题额

公讳邦翰，字子□，婺州武义人。曾祖文政；祖仲申，主将作监簿；父绘，赠正奉大夫。公少时即以力学起门户，舅枢密郭公三益奇爱之，任以官，又妻以女。初监南岳庙，调临安右司理参军。侍□王继先势方盛，颐指目摄，人争迎趋，与姑苏人有曲讼，展转荐公理，奋然□罪其曲，尹谕使改，不肯听，惧且怒，□临色辞，公徐抗言曰："理之所在，难用势转摇，明使君不见容，正有去耳。"讫不改。苏人竟获直。自是□强，或以事诣府，皆□曰："愿勿诿刘□。"盖惮之也。刑狱使者察三圄，其僚不知所对，公件析枚举无滞词，使者咤曰："典狱不当如此邪？"□上章论荐，会以父忧去。终制，复建康左司理。留守晁谦之少公年□，简文书以试，辄迎手涣释。医家有□□，缘军校邢原。再岁，医为人毒死，其家□原□于官，狱具矣，晁公疑焉，移付公，公□其不然，原始由自诬，久而泣以告曰："身堕困厄，笞掠不胜痛，非公深相摘，□死而死耳。"公曰："然则何所取证？"原曰："医没时，囚適在江北，夜与同辈宴某家。"验，明甚。奈书狱者不与直。何□□□实，原以不冤死。其居官卫清，或经月不市肉，晁访其然，公曰："生平无一金储，量奉以为出，若口体是□，居闲则那。"晁动色敬叹。它日用狱空致□，始能具觞酒接诸曹，欢劝□□。明府以荐牍至，倩密，曰："以是为刘君者。"四坐荣□，转宣教郎，知徽州祁门县，□□歙岩邑，连八官不好去，公首校□□籍，贯吏曩愆，非我乎？□者得自□□当受役图名数先谒之里长职□□三予期执券鼎来躬□录乙注，一□不落吏手，捕得鼠窜贼□肆诸□□非周□不止□相成勿复□两□□廷不下席亟决□目为叔□长□□裹粮半月而

官□已了□□□□□□不遣信但儆之以□□□□□□□□言还□□攀□若失。签书昭信军判官，将御下不仁，□□□□□□□长勇□贼上下不敢问，□□□平之。有杀人者犯用贿三以生易死，□治之，抑首就毙。干办江西使莫府。皇上御极，营兵谦资犒缓啸入□，公密语亲军将，使领其□□而入环坐仗库门众壹定，西道蒙其安。通判潭州，以母忧不克上。乾道四年，诏廷臣举士，中书舍人洪迈、□议大夫陈良祐、司农少卿胡襄□□公车，擢知常德府属县。龙门有桥□□利地，与吉、赣、建昌接，凭子榷□肆行，急则鸟兽散，公命严保伍法，从三郡来者，

（碑阴）

毋得辄居停，里无臧奸。岁辛卯不稔，倾廪振民，出于涂者迹相蹑，度惠弗可遍，召令富室曰："而常忧耕者少，今流殍如织，胡不募以佃尔田？吾且□于官，敢畔越者，论如律。"溉同词听命。懦而无归者，雇使筑江堤，贻武陵百世利，民名曰刘公堤。徙知鄂州，旋总领湖广六路财赋。故时鄂屯兵多，地无宽闲，洎分宿荆襄，向之□庐已一切成市，一日天笔下，令尝为栅者还其军，贪将乘巇包侵无限极，公条本元以请，有旨复予民。在武昌久，誉言溢江而下，天子益知其可用，转升无空年，由员外郎为郎中，由司农少卿为卿。召拜户部侍郎，入见，为上言："诸道兵当汰者，比分置外郡，壮用其力，老而弃之，居者、去者皆不以为便，若仍留本屯，但给元奉半，使其家不荡析，宜必喜。"上即以询江淮大将，历告麾下，皆欢呼恨晚。议遂行。万旅蒙国恩，而州郡牢禀之须兹益减。文昌故实，侍郎、尚书分日理曹事，其体钧，有急疾龃己者，公不忍傅合，力丐外。会襄阳谋帅，乃拜集英殿修撰以往。城中比比孽火起，公曰："是必有奸渠撼吾土者。"阴索之，得而戮于市，灾寝不作，边书妥靖。又引疾欲归，命为饶州，方褒章故山规自佚，而饶土荐饥，玺书三四趣上，公单车实来，徐撰仆挈其帑，瘽身荒余，忧积弗解，以淳熙十年三月辛巳卒官，享年七十。累阶朝议大夫。

公履识醇正，和气袭人如春。当官不以饷馈入，又畏尚异，唯别贮藏之。遇游士求谒，则□以付。故考终之日，囊无赢资。好读班、左书，为诗溯骚人蹊畛。尝训诸子曰：士欲自□，当用心至刚，而不能卓然以成者，欲为之累也。其平生尚志盖如此。

令人郭氏，先下世。六男子：粹中，从政郎；敏中，宣教郎；执中，承直郎；时中、稽中、安中。七女子，适宗正丞张叔椿，直龙图阁、广东经略都总管巩湘，提举淮东常平周权，宣教郎唐介寿，通直郎张松，进士黄閎、蔡如愚。孙男八人：作霖、作则、作肃、作舟、作孚、作谋、作德、作哲。孙女十三人。将以卒之明年二月甲申葬于邑清溪之原。粹中使乞铭，迈早与公同官于歙，晚相从是邦，吊其亡而送其归，契如是，可不铭？铭曰：

着紫持橐羌卓荦，身非不值兮。年弥七帙寿乃毕，福非不至兮。子六婿七善自匹，鼎鼎通贵兮。繇卑徂尊列麾幡，所居官治兮。山立玉洁清以澈，无玷可议兮。流连西州滋好修，独载仁惠兮。惟桑与梓民益喜，方共敬止兮。生荣死悲胡不归，行路追喟兮。我无健笔写声实，堇堇什二兮。清溪之上神所相，其千万祀兮。

童逊摹刊。

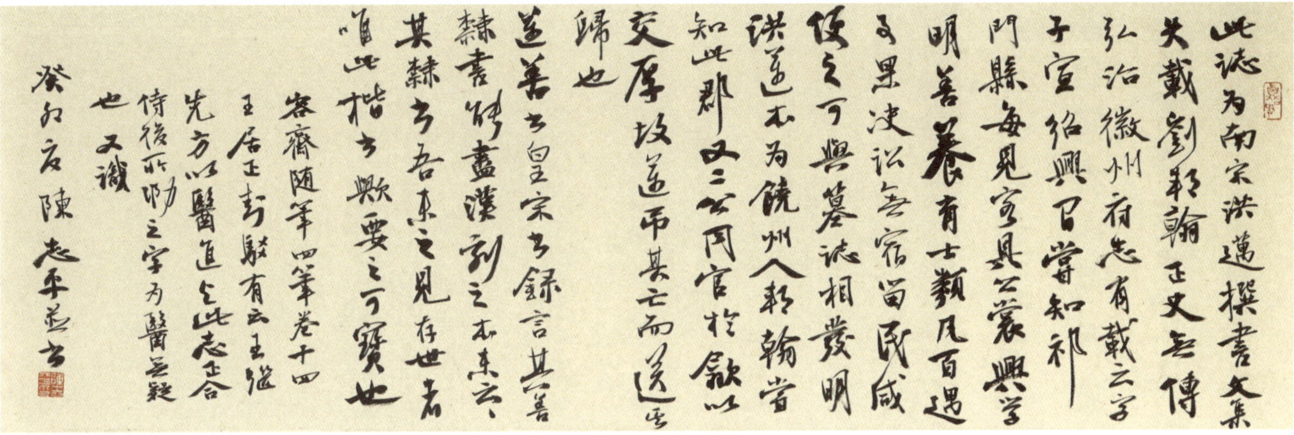

**跋：**

此志为南宋洪迈撰书，文集失载。刘邦翰正史无传，弘治《徽州府志》有载，云："字子宣，绍兴间尝知祁门县。每见客，具公裳。兴学明善，养育士类凡百。遇事果决，讼无宿留，民咸便之。"可与墓志相发明。洪迈本为饶州人，邦翰尝知此郡，又二公同官于歙，以交厚，故迈吊其亡而送其归也。

迈善书，《皇宋书录》言其善隶书，能尽汉刻之本末云云。其隶书，吾未之见，存世者唯此楷书欤？要之可宝也。

《容斋随笔·四笔》卷十四"王居正封驳"有云："王继先方以医进。"与此志正合。"侍"后所泐之字，为"医"无疑也。又识。癸卯夏，陈志平并书。

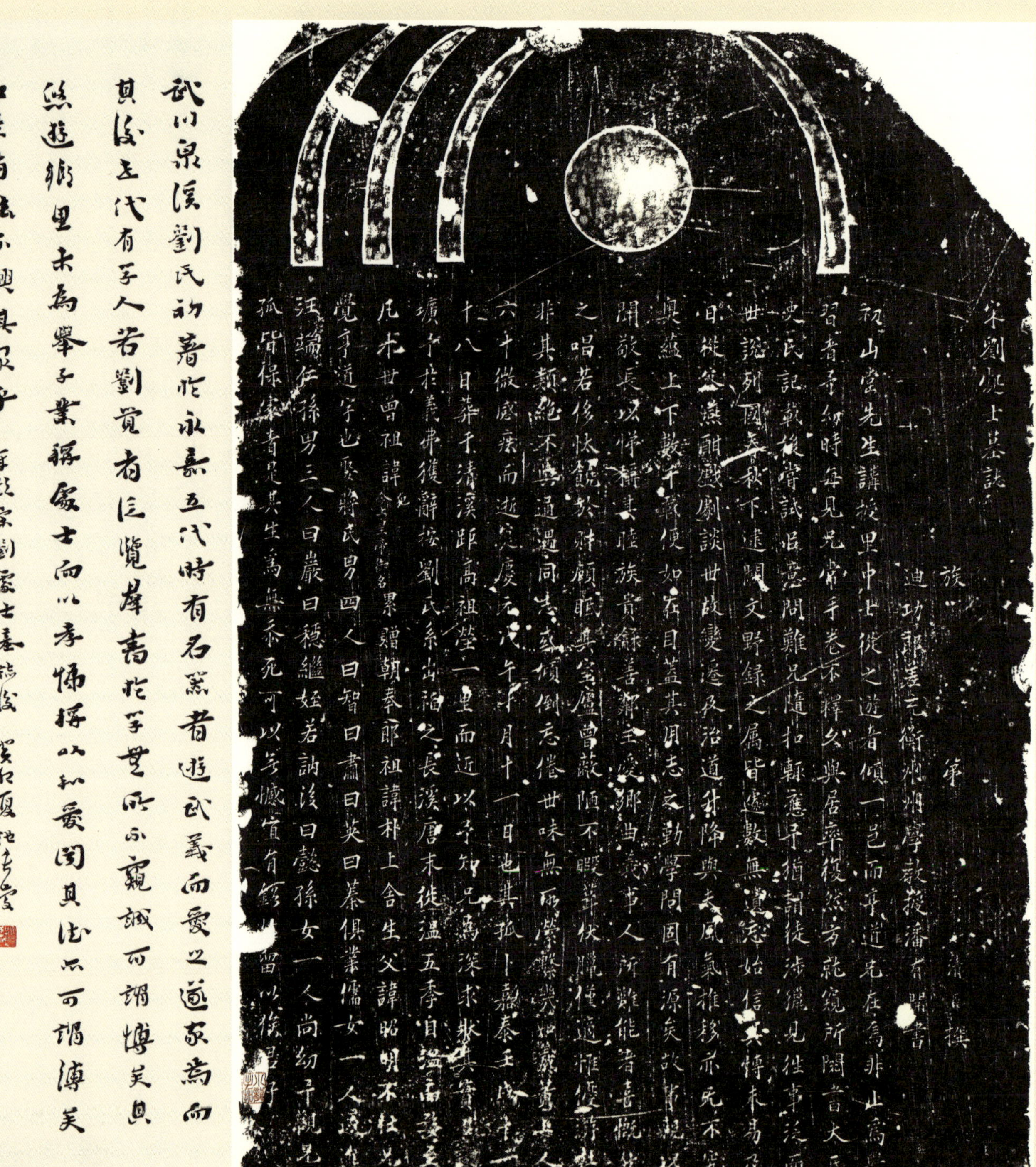
武川泉溪劉氏初著於永嘉五代時有名黨者避兵義而愛之遂家焉而
其後五代有子人若劉覺者徑覽群書於學無所不窺誠可謂博矣其
終遊鄉里未為舉子業稱處士而以孝悌稱以私愛聞其德亦可謂淳矣
如是者能不興其敬乎
拜讀宋劉處士墓誌後 癸巳夏

宋刘觉墓志

# 宋刘觉墓志

画心（碑石）尺寸：高82.3厘米　宽54.7厘米
原石藏武义县明招山明招讲院碑廊
池长庆跋

**释文：**

宋刘处士墓志

族弟清臣撰

迪功郎、差充衡州州学教授潘有开书

初，山堂先生讲授里中，士从之游者倾一邑，而亨道兄在焉，非止为举子习者。予幼时每见兄常手卷不释，久与居，率复然，方就窥所阅书，大氐多史氏记载。后尝试以意问难，兄随扣辄应。予犹谓徒涉猎见往事。泛而语世说、列国春秋，下逮阙文野录之属，皆遽数无遗忘，始信其博未易及。它日从容燕酣戏，剧谈世故变迁及治道升降，与夫风气推移，亦无不究极奥蕴，上下数千载便如在目。盖其用志之勤，学问固有源矣。

故事亲以孝闻，敬长以悌称。其睦族贵龢，善邻主爱。乡曲义事，人所难能者，喜慨然□之唱。若侈汰饶于财，顾视其室庐，曾蔽陋不暇葺，伏腊仅适。惟优游杜门，非其类绝不与通，遇同志或倾倒忘倦。世味无所萦系，几如羲黄上人。□六十，微感疾而逝，实庆元戊午十月十一日也。其孤卜嘉泰壬戌十一月十八日葬于清溪，距高祖茔一里而近。以予知兄为深，求状其实□□□圹。予于义弗获辞。

按，刘氏系出福之长溪，唐末徙温，五季自温而婺□□凡十世。曾祖讳犯今上皇帝御名，累赠朝奉郎；祖讳朴，上舍生；父讳昭明，不仕。

兄讳觉，亨道，字也。娶蒋氏，男四人，曰智，曰肃，曰英，曰蓁，俱业儒。女一人，适进士汪端仁。孙男三人，曰岩；曰稳，继侄若讷后；曰懿。孙女一人。尚幼。予观兄诸孤皆保家者，是其生为无忝，死可以无憾。宜有铭，此留以俟君子。

迪功郎差充衢州州學教授潘有開書

初山堂先生講授里中廿從之遊者傾一邑而亨道兄在焉非止爲舉

習者乎幼時每見兄常手卷不釋久與居卒後然方就窺所閱書大氐多

史氏記載後嘗試以意問難兄隨扣輒應乎猶謂徒涉獵見往事淺而語

世說列國春秋下逮閒文野録之屬皆處數無遺恣始信其博未易及之

日從容燕酣戲劇談世故變遷及治道升降與夫風氣推移亦无不究極

與蘊上下數千載便如在目蓋其用志之勤學問固有源矣故事親以孝

開敬長以悌稱其睦族貴録善鄉主愛鄉曲義事人所難能者喜慨然

之唱若侈汰饒於財頗眠與室廬曾蔽陋不暇葺伏臘僅適雅優游杜

非其類絕不與通遇同志盛傾倒忘倦世味無所縈繫幾如蔬黃與人

六十微感疾而逝寔慶元戊午十月十一日也其孤卜嘉泰壬戌十二

十八日葬于清溪距高祖塋一里而近以予知兄爲深求狀其實

壙予於義弗獲辭按劉氏系出福之長溪唐末徙溫五季自溫而登至

凡才世曾祖諱[犯今上皇帝御名]累贈朝奉郎祖諱朴上舍生父諱昭明不仕兄

覺亨道字也娶蔣氏男四人曰智曰肅曰英曰慕俱業儒女一人適[illegible]

廷端任孫男三人曰巖曰穩繼姪若訥後曰懿孫女一人尚幼予觀兄諸

孤皆保家者是其生爲無忝死可以無憾宜有銘以留以俟君子

武川泉溪劉氏初著於永嘉五代時有名器者遊武義而愛之遂家焉而其後世代有學人若劉覺者泛覽群書於學無所不窺誠可謂博矣其悠遊鄉里未為舉子業稱處士而以孝悌稱以和愛聞其德亦可謂溥矣如是者能不興其家乎

奉題宋劉處士墓志後

癸卯夏池長慶

**跋：**

武川泉溪刘氏，初著于永嘉。五代时，有名器者，游武义而爱之，遂家焉。而其后世，代有学人。若刘觉者，泛览群书，于学无所不窥，诚可谓博矣。其悠游乡里，未为举子业，称处士，而以孝悌称，以和爱闻，其德亦可谓溥矣。如是者，能不兴其家乎？

奉题宋刘处士墓志后，癸卯夏，池长庆。

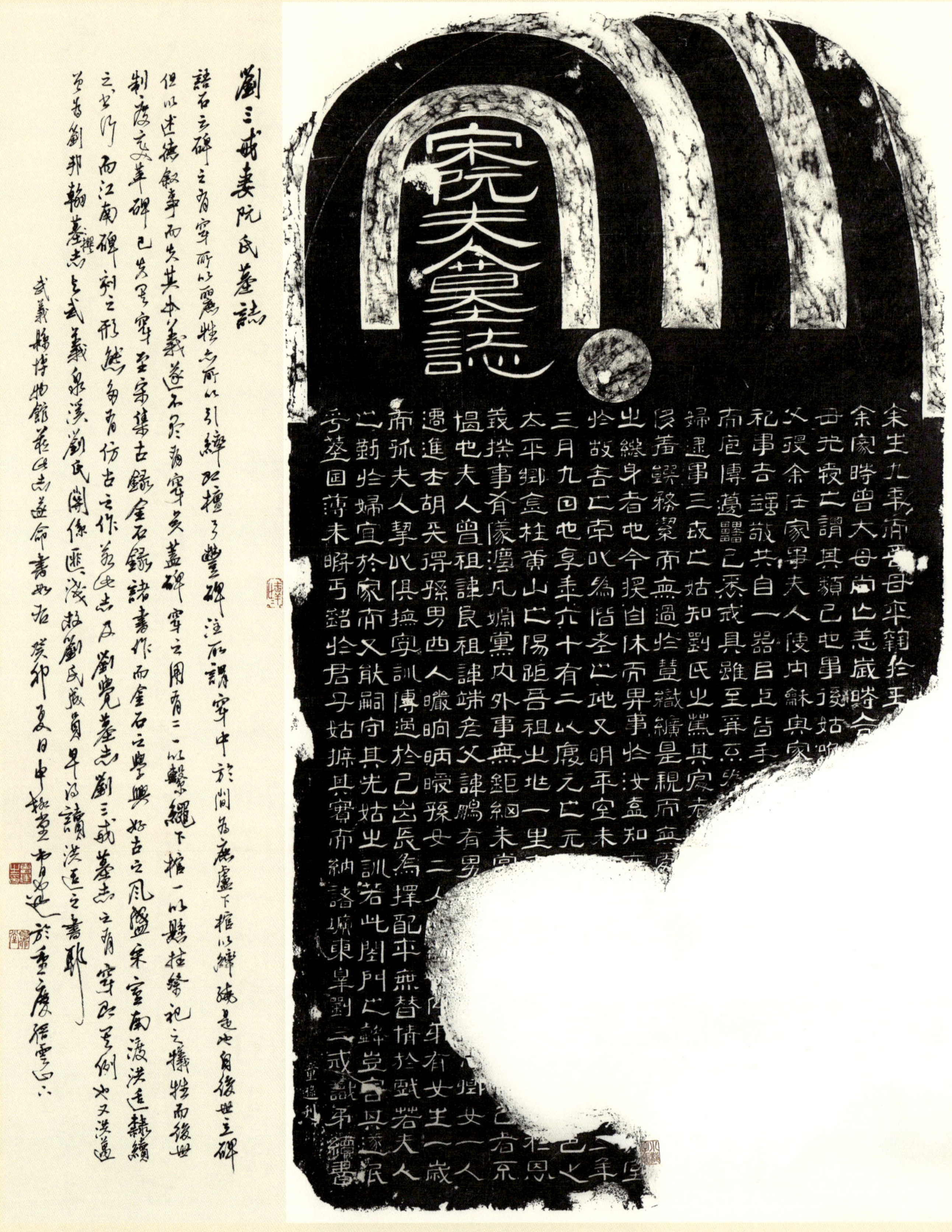


宋刘三戒妻阮氏墓志

## 宋刘三戒妻阮氏墓志

画心（碑石）尺寸：高104.0厘米　宽57.0厘米

原石藏武义县泉溪镇刘宅村刘氏宗祠

曹建跋

**释文：**

宋阮夫人墓志（篆额）

余生九年而吾母卒，鞠于王□□□□□□□□□□□□□□□□□□□□□余家时曾大母尚亡恙，岁时合□□□□□□□□□□□□□□□□□□□母光舜之谓其类己也，事后姑唯□□□□□□□□□□□□□□□□□□父殁，余任家事，夫人使内觫兴家□□□□□□□□□□□□□□□□□祀事去蠲敬共，自一器以上皆手□□□□□□□□□□□□□□□□□□而庖传笾罍已悉戒具，虽至再不为□□□□□□□□□□□□□□□□□妇逮事三戒之姑，知刘氏之笃，其处老□□□□□□□□□□□□□□□侈羞馔务洁而无过于丰，织纩是亲而无处□□□□□□□□□□□□□之终身者也。今将自休而畀事于汝，盍知□□□□□□□□□□□□□室于故舍之南以为偕老之地。又明年室未□□□□□□□□□□□□三年三月九日也，享年六十有二，以庆元之元□□□□□□□□□□□□邑之太平乡金柱黄山之阳，距吾祖之兆一里□□□□□□□□□□□□于恩义，揆事有仪法，凡姻党内外，事无巨细，未尝□□□□□□□□□己者不愠也。夫人曾祖讳良，祖讳端彦，父讳鹏有。男□□□□□□□□卿，女一人，适进士胡天得。孙男四人：曮、晌、昞、瞬。孙女二人□□□□弟有女，生一岁而孤，夫人挈以俱，抚育训传，过于己出，长为择配，卒无替情。於戏！若夫人之勤于妇，宜于家，而又能嗣守其先姑之训若此，闺门之懿，岂容其遂泯乎？

葬日薄，未暇丐铭于君子，姑摭其实而纳诸圹。

东皋刘三戒识，弟续书。

童逊刊。

余生九年而吾母卒鞠於王[illegible]
余家時曾大母尚亡恙歲時合[illegible]
母先歿之謂其類己也事後姑[illegible]
父娶余任家事夫人使内外與家[illegible]
祀事吉謾敬共自一器昌上皆手[illegible]
而屋傳蕪譥己丞戒具雖至再三不為[illegible]
婦還事三故亡姑知劉氏出萬其寢者[illegible]
良蒼縣務絜而無過於甚織績是親而無處[illegible]
出繼身者也今撰自休而畀事於汝盡知[illegible]室
於故舍亡卒以為陷委之地又明年室未[illegible]二年
三月九日也享年六十有二以慶元亡元[illegible]已之
太平鄉盧柱黃山之陽距吾祖出地一里[illegible]在恩
義揆事有豫灣凡婦黨内外事無鉅細未嘗[illegible]己者尔
協也夫人曾祖諱良祖諱端彥父諱鵬有男[illegible]卿女一人
遷進士胡巽得孫男四人曦昫昞暄孫女二人[illegible]來有女生一歲
而孫夫人挈以俱撫學訓傳過於己出長為擇配卒無替情於戲若夫人
亡藪於婦宜於家而又能嗣守其先姑出訓若此閨門亡躰豈宜其遂泯
予瑩因薄未暇丐銘於君子姑撫其實而納諸墉東皐劉三戒識弟績書

童遜刊

劉三戒妻阮氏墓誌

語石云碑之有穿所以麗牲亦所以引紼即檀弓豐碑注所謂穿中於間為鹿盧下棺以紼繞是也自後世立碑但以述德敘事而失其本義遂不盡有穿矣蓋碑穿之用有二一以繫繩下棺一以懸挂祭祀之犧牲而後世制度變革碑已失其穿至宋集古錄金石錄諸書作而金石之學興好古之風盛宋室南渡洪适隸續之書行而江南碑刻之形態多有仿古之作若此志及劉覺墓志劉三戒墓志之有穿即其例也又洪邁曾為劉邦翰墓撰志與武義泉溪劉氏關係匪淺故劉氏成員早得讀洪适之書耶

武義縣博物館藏此志遂命書如右 癸卯夏日申柳堂曹建於重慶縉雲山下

**跋：**

刘三戒妻阮氏墓志。

《语石》云："碑之有穿，所以丽牲，亦所以引紼，即《檀弓》'丰碑'注所谓'穿中，于间为鹿卢，下棺以紼绕'是也。自后世立碑，但以述德叙事而失其本义，遂不尽有穿矣。"盖碑穿之用有二，一以系绳下棺，一以悬挂祭祀之牺牲。而后世制度变革，碑已失其穿。至宋，《集古录》《金石录》诸书作，而金石之学兴、好古之风盛。宋室南渡，洪适《隶续》之书行，而江南碑刻之形态，多有仿古之作。若此志及《刘觉墓志》《刘三戒墓志》之有穿，即其例也。又，洪迈曾为刘邦翰墓撰志，与武义泉溪刘氏关系匪浅。故刘氏成员，早得读洪适之书耶？

武义县博物馆藏此志，遂命书如右。癸卯夏日，申柳堂曹建于重庆缙云山下。

徐邦憲名列宋史且武川備考載王柏所撰宋工部侍郎謚文肅徐邦憲墓碑則其生平行事大節班班可考取宋史徐邦憲王柏撰墓碑與此壙誌相校則此誌詳於生平而宋史墓碑於其諫北伐事書之尤備且備載氏著諫北伐奏疏可知古人臨文詳略各有體不可混也

又此誌言娶陳氏封令人陳氏出家世不得而詳清人何德潤輯武川誌鈔著錄陳亮送文子徐姑丈赴隨州文學掾用司馬文正公誌韻為別後世遂以徐邦憲所娶出徐氏為陳亮之妹然陳亮祭妹文祭妹夫周英伯文已明言僅有一妹且許嫁周英伯徐邦憲所娶陳氏非陳亮親妹無疑且送文子徐姑丈一詩當係偽托詳參麻建成陳亮送徐文子詩真偽考

癸卯六月古剡思泓居何國記

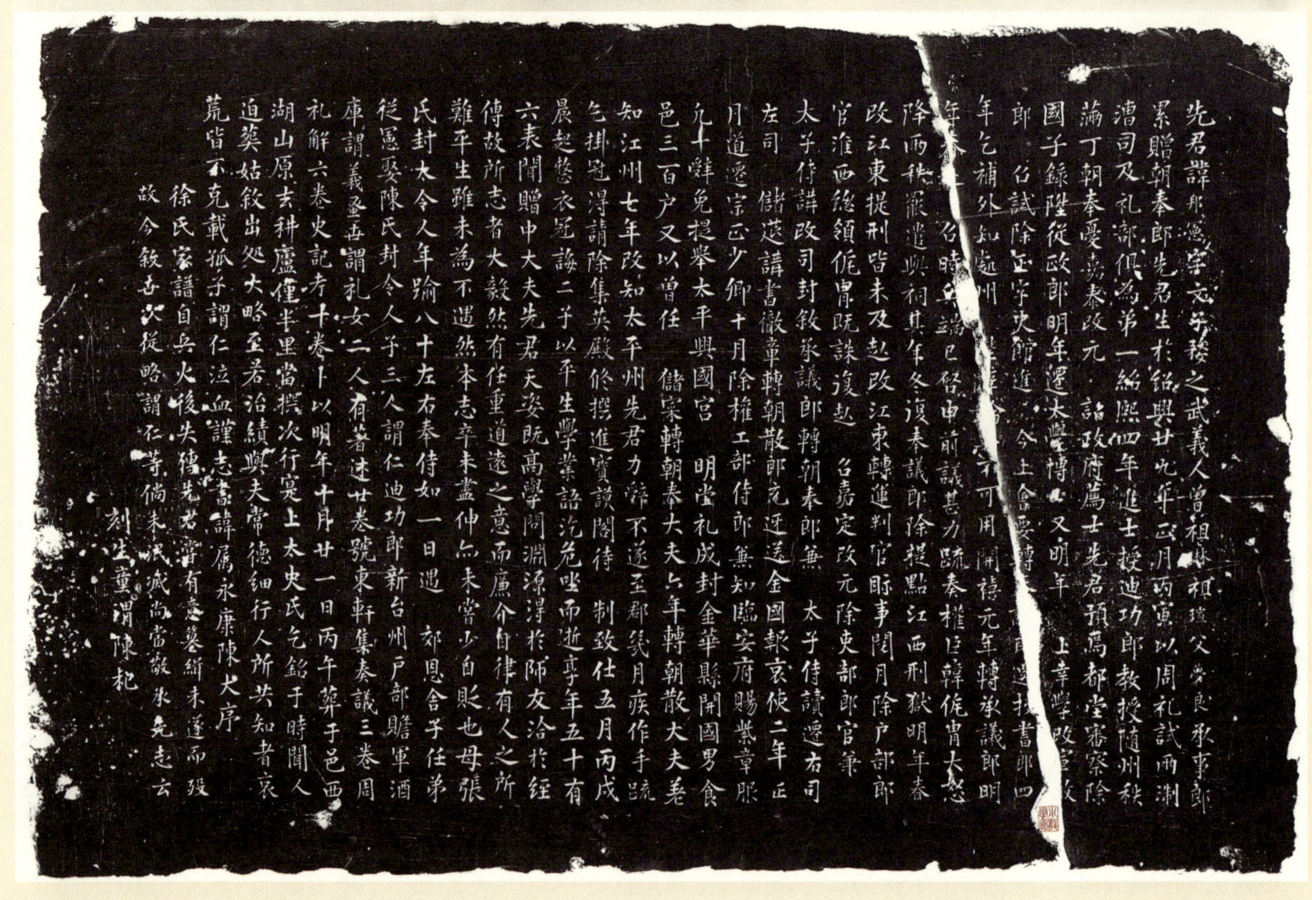

宋徐邦宪墓志

# 宋徐邦宪墓志

画心（碑石）尺寸：高72.0厘米　宽104.5厘米

原石藏武义县博物馆

何国门跋

**释文：**

先君讳邦宪，字文子，婺之武义人。曾祖□；祖瑄；父梦良，承事郎，累赠朝奉郎。先君生于绍兴廿九年正月丙寅，以《周礼》试两浙漕司及礼部，俱为弟一。绍熙四年进士，授迪功郎，教授随州。秩满，丁朝奉忧。嘉泰改元，诏政府荐士，先君预焉。都堂审察，除国子录，升从政郎。明年，迁太学博士。又明年，上幸学，改宣教郎。召试，除正字史馆。进今上会要，转奉议郎，迁校书郎。四年，乞补外，知处州。陛辞，论□不可用。开禧元年，转承议郎。明年春，赴召。时兵端已启，申前议甚力。疏奏，权臣韩侂胄大怒，降两秩，罢遣与祠。其年冬，复奉议郎，除提点江西刑狱。明年春，改江东提刑，皆未及赴，改江东转运判官。视事阅月，除户部郎官、淮西总领。侂胄既诛，复赴召。嘉定改元，除吏部郎官兼太子侍讲，改司封，叙承议郎，转朝奉郎兼太子侍读，迁右司左司。储筵讲书彻章，转朝散郎，充迓送金国报哀使。二年正月，道迁宗正少卿。十月，除权工部侍郎，兼知临安府，赐紫章服，凡十辞免，提举太平兴国宫。明堂礼成，封金华县开国男，食邑三百户。又以曾任储采，转朝奉大夫。六年，转朝散大夫，差知江州。七年，改知太平州。先君力辞不遂，至郡几月，疾作，手疏乞挂冠，得请除集英殿修撰，进宝谟阁待制，致仕。五月丙戌，晨起，整衣冠，诲二子以平生学业，语讫，危坐而逝，享年五十有六。表闻，赠中大夫。

先君天姿既高，学问渊源，得于师友，洽于经传，故所志者大，毅然有任重道远之意。而廉介自律，有人之所难。平生虽未为不遇，然本志卒未尽伸，亦未尝少自贬也。

母张氏，封太令人，年逾八十，左右奉侍如一日。遇郊恩，舍子任弟从宪。娶陈氏，封令人。子三人：谓仁，迪功郎，新台州户部赡军酒库；谓义，蚤世；谓礼。女二人。

有著述廿卷，号《东轩集》，奏议三卷，《周礼解》六卷，《史记考》十卷。

卜以明年十月廿一日丙午葬于邑西湖山原，去耕庐仅半里。当撰次行实，上太史氏，乞铭于时闻人。迫葬，姑叙出处大略，至若治绩与夫常德细行人所共知者，哀荒皆不克载。

孤子谓仁泣血谨志，书讳属永康陈大序。

徐氏家谱自兵火后失传，先君尝有意纂缉，未遂而殁。故今叙世次从略。谓仁等倘未泯灭，尚当敬承先志云。

刻生：童渭、陈杞。

累贈朝奉郎先君生於紹興廿九年正月丙寅以周礼試兩浙
漕司及礼部俱為第一紹熙四年進士授迪功郎教授隨州秩
滿丁朝奉憂嘉泰改元　詔政府薦士先君預焉都堂審察除
國子錄陞從政郎明年遷太學博士又明年　上幸學改宣教
郎　召試除正字史館進[illegible]今上會要轉[illegible][illegible]遷校書郎四
年乞補外知[illegible]州[illegible][illegible][illegible]不可用開禧元年轉承議郎明
年春[illegible]召時兵端已啟申前議甚力疏奏權臣韓侂胄大怒
降兩秩罷遣與祠其年冬復奉議郎除提點江西刑獄明年春
改江東提刑皆未及赴改江東轉運判官厯事閱月除户部郎
官淮西總領侂胄既誅復赴　召嘉定改元除吏部郎官兼
太子侍講改司封叙承議郎轉朝奉郎兼　太子侍讀遷右司
左司　儲遴講書徽章轉朝散郎充送金國報哀使二年正
月道遷宗正少卿十月除權工部侍郎兼知臨安府賜紫章服
允十辭免提舉太平興國宫　明堂礼成封金華縣開國男食
邑三百户又以曾任　儲宷轉朝奉大夫六年轉朝散大夫差
知江州七年改知太平州先君力辭不遂至郡幾月疾作手疏
乞掛冠得請除集英殿脩撰進寶謨閣待　制致仕五月丙戌
晨起整衣冠誨二子以平生學業語訖危坐而逝享年五十有
六表聞贈中大夫先君天姿既高學問淵源得於師友洽於經
傳故所志者大毅然有任重道遠之意而廉介自律有人之所
難平生雖未為不遇然本志卒未盡伸亦未嘗少自貶也母張
氏封太令人年踰八十左右奉侍如一日遇　郊恩舍子任弟
從愿娶陳氏封令人子三人謂仁迪功郎新台州户部贍軍酒
庫謂義蚤亡謂礼女二人有著述廿卷號東軒集奏議三卷周
礼解六卷史記考十卷卜以明年十月廿一日丙午葬于邑西
湖山原去耕廬僅半里當撰次行寔上太史氏乞銘于時聞人
迫葬姑叙出处大略至若治績與夫常德細行人所共知者哀
荒皆不克載孤子謂仁泣血謹志書諱属永康陳大序
徐氏家譜自兵火後失傳先君嘗有意纂緝未遂而歿
故今叙吾次從略謂仁等倘未泯滅尚當敬承先志云
刻工童渭陳杞

徐邦憲名列宋史且武川備考載王柏所撰宋工部侍郎謚文肅徐邦憲墓碑則其生平行事大節班班可考取宋史徐邦憲王柏撰墓碑與此壙誌相校則此志詳於生平而宋史墓碑於其諫北伐事書之尤備且備載氏著諫北伐奏疏可知古人臨文詳略各有體不可混也

又此誌言娶陳氏封令人陳氏之家世不得而詳清人何德潤輯武川詩鈔著錄陳亮送文子徐妹丈赴隨州文學掾用司馬文正公詩韻為別後世遂以徐邦憲所娶之徐氏為陳亮之妹然陳亮祭妹文祭妹夫周英伯文已明言僅有一妹且許嫁周英伯徐邦憲所娶陳氏非陳亮親妹無疑且送文子徐妹丈一詩當係偽托詳參麻建成陳亮送徐文子詩真偽考

癸卯六月古剡思泓居何國門

**跋：**

徐邦宪名列《宋史》，且《武川备考》载王柏所撰《宋工部侍郎谥文肃徐邦宪墓碑》，则其生平行事大节，班班可考。取《宋史·徐邦宪》、王柏撰《墓碑》，与此圹志相校，则此志详于生平，而《宋史》《墓碑》，于其谏北伐事书之尤备，且备载氏著谏北伐奏疏。可知古人临文，详略各有体，不可混也。

又，此志言“娶陈氏，封令人”，陈氏之家世，不得而详。清人何德润辑《武川诗钞》，著录陈亮《送文子徐妹丈赴随州文学掾用司马文正公诗韵为别》，后世遂以徐邦宪所娶之徐氏为陈亮之妹。然陈亮《祭妹文》《祭妹夫周英伯文》，已明言仅有一妹，且许嫁周英伯。徐邦宪所娶陈氏，非陈亮亲妹无疑。且《送文子徐妹丈》一诗当系伪托，详参麻建成《陈亮送徐文子诗真伪考》。

癸卯六月，古剡思泓居何国门。

武義徐謂禮宋史無傳
其生平事蹟散見於宋
史齊東野語溧陽志海
寧文徵諸書旁求其具
體事迹不可得矣
今獲此志徐氏生平大略可
知惟志石殘缺甚故需
參酌徐謂禮文書方可得其
具體行年
齊東野語云徐氏為權臣
賈似道姻親賈居相位言
其可作小郡太守遂以上饒
與之據文書賈似道曾任
徐氏妻保母屬後輩徐
氏初知信州賈氏為京湖制
置使齊東野語所述非是
壬辰年本人曾參与文書
整理諸事與有榮焉癸
卯秋日鄭嘉勵跋

宋徐谓礼圹志

## 宋徐谓礼圹志

画心（碑石）尺寸：高93.0厘米　宽71.5厘米

原石藏武义县博物馆

郑嘉励跋

**释文：**

先君讳谓礼，字敬之，姓徐氏，婺武义人。曾□□□故不仕，妣……夫，宝谟阁待制致仕，累赠光禄大夫，谥□肃。妣陈氏，封硕人……□□幼子也。

少受经膝下，刻励□学，志世其科，不偶用……告院，补外添差通判建昌军，监三省枢密院门兼提……运司主管文字，除将作监簿，迁太府丞，出知信州……事兼知泉州，积阶至朝散大夫。先君禀姿……于朝父子□□□近，故虽任管库佐……家累十数年不□□□□□□□直之无……事□□惟知不可以私□□□□□□劾……其绩而上之，遂升匠簿，繇外……营而良民大□，先君承朝命……乘间投状，指以为□□以风闻□□□经界亦……廷，始知其便，□先君无实之谤，不诉□……外和，尚贤而□能，轻财而乐施，至于孝友于家，辑睦于乡□居□弟……禄寿且未艾而忽大□之，实宝祐二年六月四日也。生于□□壬戌二月二十七……方来吊者皆极哀。呜呼！□岂可以强致耶？

娶林氏，宜人，□□□惠公之曾孙，江西运管……男四人：长引孙，幼以□□；次□祖，将仕郎；次□□□为□□伯父后。次□□奏以遗……年十二月甲申葬于长安□龙檀山之原，合林宜人之□□□□行事之□□□□□□□闻……石而纳圹云。

朝散郎直□□□□□知温州军州□馆内劝农事□□水军胡……

（残件）

行一：□□器重

行二：禆赞未□□□

行三：□民者不计其□

行四：□于成豪

先君諱謂禮字□□姓徐□□發武義□□□故不仕妣
夫寶謨閣待制□任□贈光祿大夫諡□□妣陳氏封□
□□幼子也少從經□□下試□□學志世其科大偶用
以補外添差通判建昌軍□□□樞密□□薦提
進司□管文字除將作監簿通判□□出知信州
事萬□□□□除主朝散大夫□吾鼻□
於□朝又□□□近□雖任□軍佐
家思□□□□□□直道無
□□□□知工可以私謁
其績而上□遂陞匠簿錄外
營而良民大□先君承朝命
無問投隙指以為擇□□風聞
□□□□□□□□其□□界亦□
□□□□□□君無實之謗不許
外和尚賢□□龍輕□□樂□至於孝友於家輯睦於鄉
祿壽且未艾而忽大□之實□祐二年六月□日□□於
方來弔者皆極哀嗚□□豈可以強致耶娶林氏□□惠公
男四人長引孫□□□□□初祖將仕郎次
年十二月甲申葬于長安□□山之原合林
□石而納壙云□□鄉□直□□□□知溫州軍州

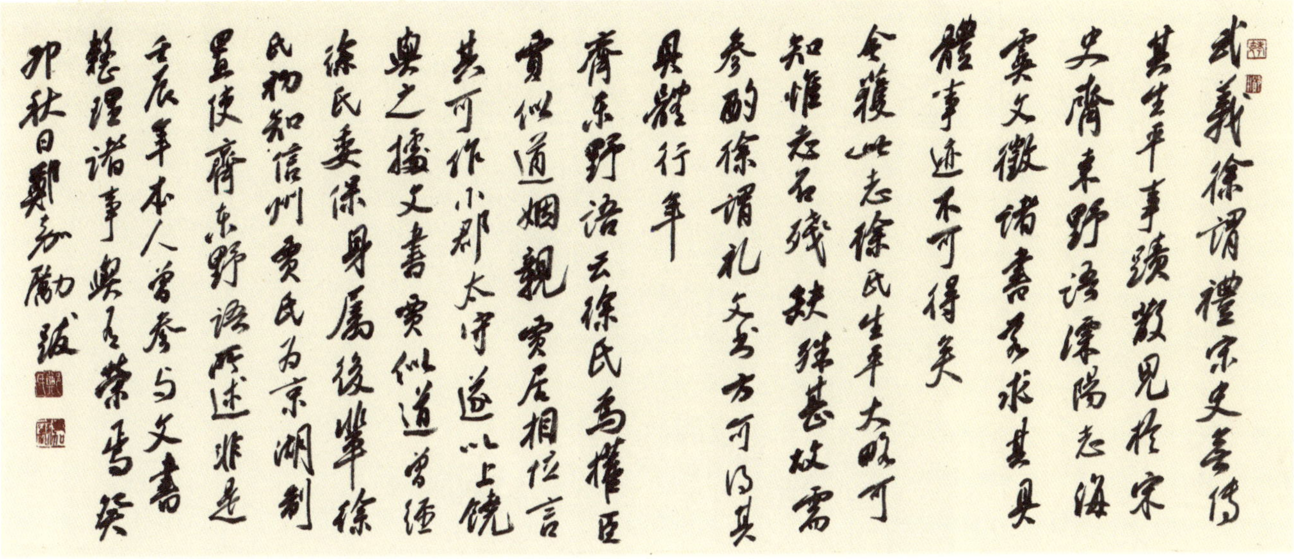

**跋：**

武义徐谓礼，《宋史》无传，其生平事迹散见于《宋史》《齐东野语》《溧阳志》《海虞文征》诸书，若求其具体事迹，不可得矣。

今获此志，徐氏生平，大略可知。惟志石残缺殊甚，故需参酌《徐谓礼文书》，方可得其具体行年。

《齐东野语》云徐氏为权臣贾似道姻亲，贾居相位，言其“可作小郡太守”，遂以上饶与之。据文书，贾似道曾经徐氏委保，身属后辈，徐氏初知信州，贾氏为京湖制置使，《齐东野语》所述非是。

壬辰年，本人曾参与文书整理诸事，与有荣焉。癸卯秋日，郑嘉励跋。

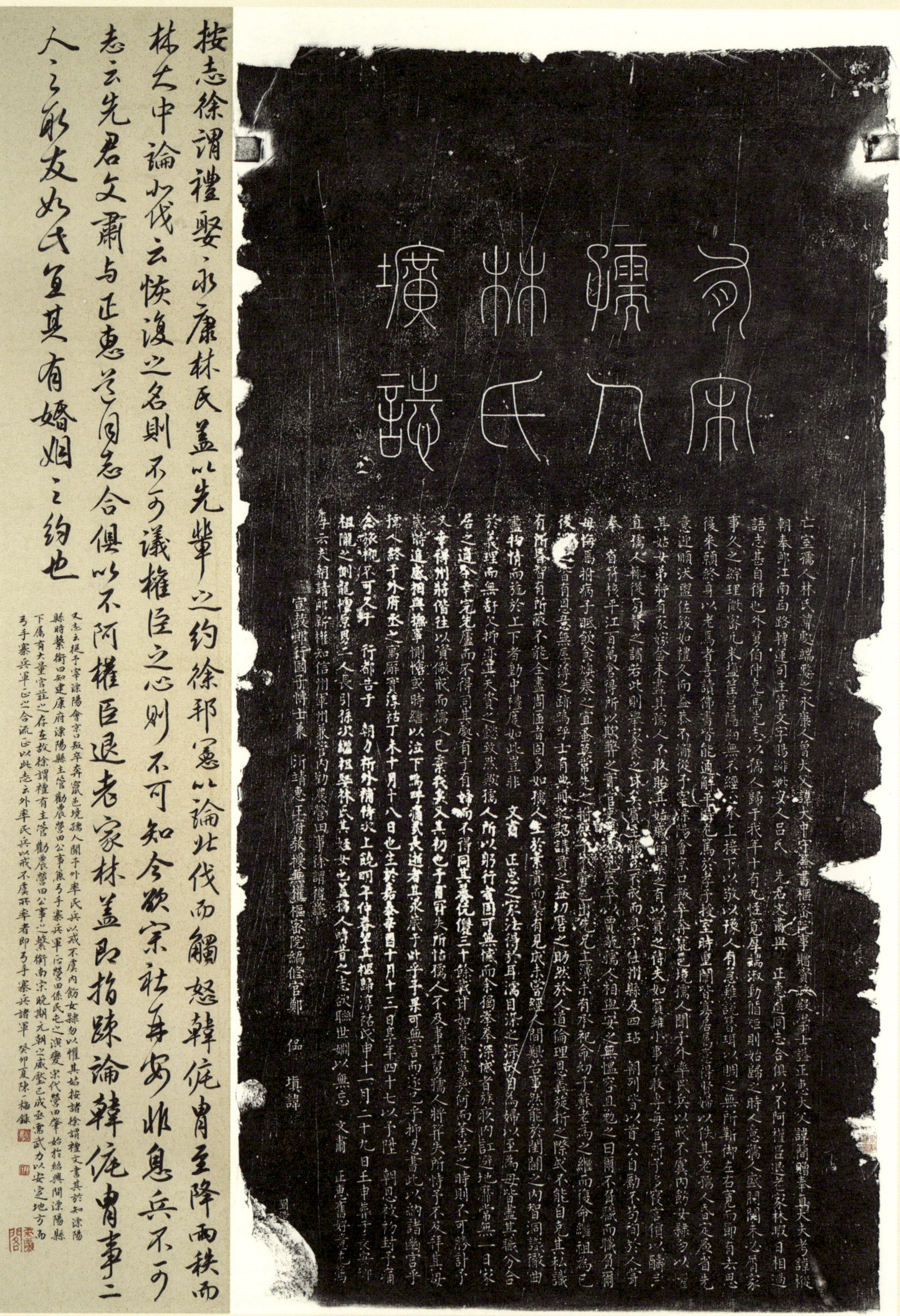


宋徐谓礼妻林氏圹志

## 宋徐谓礼妻林氏圹志

画心（碑石）尺寸：高158.0厘米　宽80.0厘米
原石藏武义县博物馆
陈一梅跋

**释文：**

有宋孺人林氏圹志（篆额）

亡室孺人林氏，讳处端，婺之永康人。曾大父讳大中，守签书枢密院事，赠资政殿学士，谥正惠。大父讳简，赠奉直大夫。考讳枞，朝奉郎、江南西路转运司主管文字，赐绯。妣安人吕氏。

先君文肃与正惠道同志合，俱以不阿权臣，退老家林，暇日相过，语志甚自得也。外舅伯仲，克笃先志，以孺人归于我，年十有九。性宽厚端淑，动循矩则。始归之时，人意孺人盛阀阅，未必屑家事，久之，综理微密，凡米、盐、筐、筥，隐细无不经心。承上接下，以敬以豫，人有急难，说簪珥以赒之，无所靳。御左右宽而节，有去思复来，愿终身以老焉者。喜读佛书，皆能通解，平时尤笃于孝。予授室时，重闱皆寡居，属意得贤妇以佚其老，孺人昏定晨省，先意迎顺，沃盥佐馂如礼，久而益恭不懈。

从予宰溧阳，会京口叛卒奔窜邑境，孺人闻予外率民兵以戒不虞，内饬女隶勿以惧其姑。女弟将有家，嫁奁未尽具。孺人不敢贻其姑戚，倾橐之有以实之。待夫如宾，虽小事不敢专，每官所予，多寝官价以酬民直，孺人辄从旁赞之，谓：若此则举家食之甘矣。宾至，觞豆不戒而具。予仕州县，及四玷朝列，皆以首公自励，不苟徇于人。尝奉省符核平江府百万仓，得所以欺弊之实，官吏恶其见底，卒以贾祸，孺人相与安之，无愠容，且勉之曰："尔不负职，而职负尔，毋悔焉。"拊病子视饮食燠寒之宜，蚤莫常先之，拊庶子不啻己出。先兄主簿未有承祀，命幼子苏老为之继，而复命继祖为己后□之皆有恩意，无厚薄之迹。

呜呼！士有典册之诏，讲贯之益，切磨之助，然于人道伦理恩义，旋折之际或不

亡室孺人林氏諱慶端，婺之永康人。曾大父諱大中，守簽書樞密院事，贈資政殿學士，謚正惠。大父諱簡，贈奉直大夫。考諱縱，
朝奉郎、江南西路轉運司主管文字，賜緋。妣安人呂氏。先君文肅與　正惠道同志合，俱以不阿權臣退老家林，暇日相過，
語志甚自得也。外舅伯仲克篤先志，以孺人歸于我，年十有九。性寬厚端淑，動循矩則。始歸之時，人意孺人盛閥閱，未必肩家
事。久之，綜理微密，凡米鹽筐筥隱細，無不經心。奉上接下，以敬以豫。人有急難，說簪珥以賙之，無所靳。御左右寬而節，有去思
復來願終身以老焉者。喜讀佛書，皆能通解。平時尤篤於孝。予授室時，重闈皆寡居，屬意得賢婦以佚其老。孺人昏定晨省，先
意迎順，沃盥佐餕如禮，久而益恭不懈。從予宦溧陽，會京口叛卒奔竄邑境，孺人聞予外寧民兵以戒不虞，內飭女隸多以豐
其姑。女弟將有家，嫁奩未盡具，孺人不敢貽其姑戚，傾橐之有以實之。待夫如賓，雖小事不敢專。每官所，予多寠宦，償以醻其
直，孺人輒從旁贊之，謂若此則舉家食之味矣。賓至，饌蔬不戒而具。予仕州縣及四玷　朝列，皆以首公自勵，不苟徇於人。嘗
奉　省符核平江百萬倉，得所以欺弊之實，官吏[illegible]見底，卒以賈讒，孺人相與安之，無慍容，且勉之曰：爾不負職，而職負爾，
毋悔焉。拊病子，眠飲食燠寒之宜，蚤莫常先之。拊庶子不啻己出。既兄主簿未有承祀，命幼子蘇老為之繼，而復命繼祖為己
後。[illegible]皆有恩意，無厚薄之跡。嗚呼！士有典冊記誦講貫之益、切磨之助，然於人道倫理恩義旋折之際，或不能自克其私，識
有所昏，智有所蔽，不能全盡周匝者固多。如孺人生於崇貴，而襲有見或未嘗經人間艱苦事，然能於閨閫之內智洞識徹，曲
盡物情而施於上下者，動中禮度如此，豈非　文肅　正惠之家法得於耳濡目染之深，故自為婦以至為母，皆盡其職，分合
於義理而無虧欠，抑亦其天資之懿致然歟。孺人所以躬行者，固可無憾，而余獨拳拳深感者，族衆內訌，避地靡常，無一日家
居之適。余幸完先廬而不得同其處，有子有婦而不得同其養，倥傯三十餘載，甘如薺者寧幾何，而荼苦之時則不可勝計。予
又幸得州，將偕往以資儆戒，而孺人已棄我矣。又其初也，予甫冠失所怙，孺人不及事其舅；孺人將笄失所恃，予不及拜其母。
歲時追感，相與撫事惻愴，或時繼以泣下。嗚呼痛哉！長逝者其永蔵于此乎？予果可無言而遂已乎？抑忍書此以納諸幽宮乎。
孺人終于外府丞之寓廨，實淳祐丁未十月十八日也。生於嘉泰辛酉十月十三日，享年四十七。以予陞　朝恩，被初封孺
人。今旅櫬不可久于　行都，吉于　朝，乃祈外補，待次上饒，明年仲春奉其柩歸，淳祐戊申十一月二十九日壬申葬于長安鄉
祖隴之側龍潭原。男二人：長引孫，次繼祖，娶林氏，其姪女也，蓋孺人疇昔之志，欲聯世姻，以無忘　文肅　正惠舊好，意尤篤
厚。亡夫朝請郎、新權知信州軍州兼管內勸農營田事徐謂禮識。
宣教郎、行國子博士兼沂靖惠王府教授兼權樞密院編修官鄭偘填諱。
劉浩

能自克其私，识有所昏，智有所蔽，不能全尽周匝者固多。如孺人生于素贵而袭有见成，未尝经人间艰苦事，然能于闺阃之内，智洞识彻，曲尽物情，而施于上下者，动中礼度如此，岂非文肃、正惠之家法，得于耳濡目染之深？故自为妇，以至为母，皆尽其职分，合于义理，而无亏欠，抑亦其天资之懿致然欤？孺人所以躬行者，固可无憾，而余独拳拳深憾者，族疚内讧，避地靡常，无一日家居之适。

今幸完先庐而不得同其处，有子有妇而不得同其养，伉俪三十余载，甘如荠者宁几何？而荼苦之时则不可胜计。予又幸得州，将偕往以资儆戒，而孺人已弃我矣。又其初也，予甫冠失所怙，孺人不及事其舅；孺人将笄失所恃，予不及拜其母。岁时追感，相与抚事恻怆，或时继以泣下。呜呼痛哉！长逝者其永藏于此乎？予果可无言而遂已乎？抑忍书此以纳诸幽宫乎？

孺人终于外府丞之寓廨，实淳祐丁未十月十八日也。生于嘉泰辛酉十月十三日，享年四十七，以予升朝恩被初封。予痛念旅榇不可久于行都，告于朝，力祈外补，待次上饶，明年仲春，挈其柩归。淳祐戊申十一月二十九日壬申葬于长安乡祖陇之侧龙檀原。

男二人：长引孙；次继祖，娶林氏，其侄女也。盖孺人畴昔之志，欲联世姻，以无忘文肃、正惠旧好，意尤笃厚云。

夫朝请郎、新权知信州军州、兼管内劝农营田事徐谓礼识。

宣教郎、行国子博士、兼沂靖惠王府教授、兼权枢密院编修官郑侃填讳。

刘浩□。

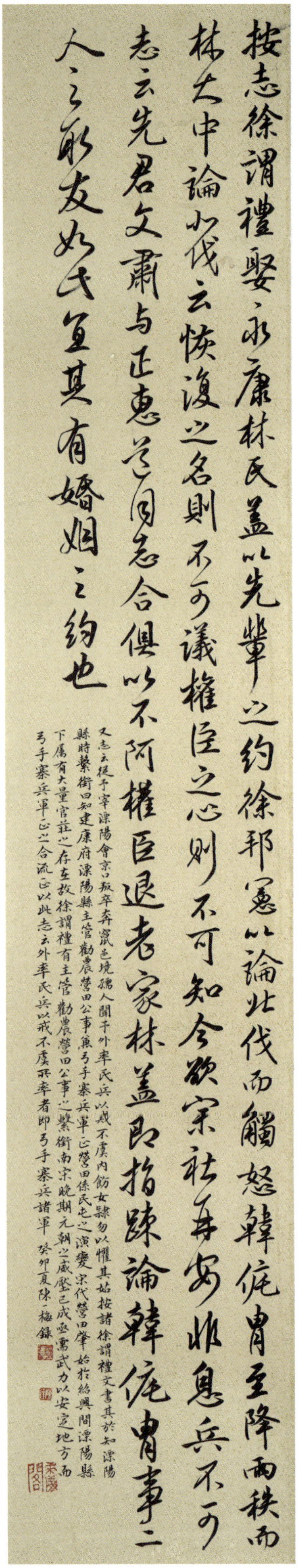

**跋：**

按志，徐谓礼娶永康林氏，盖以先辈之约。徐邦宪以论北伐而触怒韩侂胄，至降两秩。而林大中论北伐云“恢复之名则不可议，权臣之心则不可知。今欲宗社再安，非息兵不可”。志云“先君文肃与正惠道同志合，俱以不阿权臣，退老家林”，盖即指疏论韩侂胄事。二人之取友如此，宜其有婚姻之约也。

又志云：“从予宰溧阳，会京口叛卒奔窜邑境，孺人闻予外率民兵以戒不虞，内饬女隶勿以惧其姑。”按诸《徐谓礼文书》，其于知溧阳县时，系衔曰“知建康府溧阳县主管劝农营田公事兼弓手寨兵军正”。营田系民屯之演变。宋代营田，肇始于绍兴间。溧阳县下属有大量官庄之存在，故徐谓礼有“主管劝农营田公事”之系衔。南宋晚期，元朝之威压已成，亟需武力以安定地方，而弓手、寨兵、军正之合流，正以此。志云“外率民兵以戒不虞”，所率者即弓手、寨兵诸军。

癸卯夏，陈一梅录。

# 馬正己壙志

按志馬正己不樂仕進翩翩然有隱士
風然其子馬光祖先以恩蔭入仕後
以科舉取名終以實行居顯位
後人於馬光祖之家世生平著述
成就研究者稀至全宋文之輯
於馬光祖文章一無所採後鄭
力鋒全宋文補遺錄得遺文九
篇胡曉於全宋文補目中復得
增補十四篇然究未得其全後
得讀路君遇明馬光祖年譜
長編未刊稿於馬光祖之成就翰
作多得其詳且輯得其詩文
近四十篇可實也觀此志偶思及
之附識於此 癸卯夏 李硯

宋马正己圹志

# 宋马正己圹志

画心（碑石）尺寸：高56.4厘米　宽79.3厘米
原石藏武义县博物馆
李砚跋

**释文：**

先君姓马氏，讳正己，字养直。其先婺之东阳人，王父有田百亩在武义之长寿乡，因筑室往来其间，既终就窆焉。先君弗忍舍去松槚，遂家于墓之左。皇曾祖讳远，妣申屠氏。皇祖讳千里，赠朝奉郎，妣葛氏，赠安人。皇考讳之纯，故朝散郎、通判静江军府事，妣楼氏，赠安人，枢密襄靖公女也。

先君幼警颖，工词章，混然天成，不露圭角。少长，游郡邑庠，月书季考，屡出其选，自谓功名可立取。年逾强，仕志益不售。会王父官外郎当任子，而先君居长，独慨然曰："少期功名自奋，晚繇世禄得官耶？"推以予不肖孤光祖。王父即世，季父返东阳故居。先君孑然独立，门户寖微，攻苦食淡，躬自训饬光祖，矻矻穷昼夜，杜门谢客，葺理园苑，遇其所乐，饮酒吟咏，优游自适，隐然晋宋间解貂博醉之遗风，凡世所竞慕者，先君视之泊如也。

嘉定己卯，光祖主临江之新喻簿，迎侍之。戍满期，先君忽怀故庐，□然有归志。岁甲申，光祖再调常德□掾，日念迎奉安舆以尽子职。先君乐处里闬，推不欲往。虽蚤夜慕恋，亲志攸□，弗敢违也。考书再由湖外谒告温侍，丙戌光祖试南宫，叨进士焉。先君顾教子征验，喜见颜色。旋□□官，以明年丁亥光祖当受代，□□□束担期□□□□之夙心我家再知先君微疾，节□亟白府求省，登途一日而讣闻。竟以其年间五月二十有九日终于正寝。仓皇叫呼，哀恸几绝。痛哉苍天！生而犹养，犹生者为何失耶？

先君天姿洒落，襟度坦夷，与人不分长幼贵贱，莫不略边幅、开肺肝。而犯者亦不与校。由是咸得其□□岁□官赋先期输送，未尝辄履公室，可谓□循理。而乡里□□□□咸谓必登上寿。乃遽止，是天不可问、理不可诘，将繇□□而恶为过罪耶？祟降而至此极耶？顾承嗣任重，不敢即死，宜以其年十一月丁酉奉柩祔葬曾祖茔宝岩之原。

先君生于乾道乙酉八月□辰，享年六十有三。娶叶氏。子男一人，光祖。葬日薄，未能乞言于当世名卿，姑叙其梗概纳诸圹，其以识终天罔极之恨也。孤子光祖泣血谨识。

中大夫、权礼部尚书、兼同修国史、实录院同修撰、兼侍读乔行简书讳。

**跋：**

马正己圹志。

按志，马正己不乐仕进，翩翩然有隐士风。然其子马光祖，先以恩荫入仕，后以科举取名，终以实行居显位。后人于马光祖之家世生平、著述成就，研究者稀。至《全宋文》之辑，于马光祖文章，一无所采。后郑力锋《全宋文补遗》录得遗文九篇，胡晓于《全宋文补目》中复行增补十四篇，然究未得其全。后得读路君遇明《马光祖年谱长编》未刊稿，于马光祖之成就、创作，多得其详。且辑得其诗文近四十篇，可（实）［宝］也。观此志，偶思及之，附识于此。癸卯夏，李砚。

宋潘榮祖妻程氏墓銘跋

此誌近年出土原石現藏於武義博物館北山先生何基譔并書按宋史本傳載何基有文集卅卷道光婺志辨記北山集十卷然兩集今未能見或早已散逸或隱秘不傳惟同光間胡鳳丹氏纂輯金華叢書搜羅群籍得詩文若干編為何北山先生遺集三卷并附錄一卷遺集中碑誌文闕如得此誌既可窺北山先生為文之一體亦可賞其端嚴精俊之書蹟宋賢雅崇書如其人誠不我欺也地不愛寶今人有幸其人其書殊可珍貴耳

癸卯大暑後二日 方愛龍並記

宋潘荣祖妻程氏墓铭

宋故夫人程氏墓誌銘

北山何基撰書

夫人程氏諱道真婺之武義人同邑潘君榮祖之配也大王考□王考瑫考遇□夫人天姿夙
悟□從而兄授孝經論語孟子曹大家女戒經覽無遺誦而兄以薦名發聞當年而夫人性質尤異
皇考嘗捐之□惜也不為丈夫子其昌吾家者年二十一歸于潘氏逮事皇姑劉夫人皇姑勤儉素
朴以裕其□夫人稟性不華婦姑同規若泉之投水不道而自合也皇姑每喜言曰此婦類我死日
我志其□墜矣夫人內慈而外直待人惻然恩意至到視有囏□雖賤且仇也猶捐力以捄之或有
新援□力不能至閔〻忘終日食潘君嘗攝洪瑞四州巡檢部從者屬威猛械致傫囚無虛日皆無
可傫至則瘐死夫人為粥以食餧者悉賴以存活後當代去衆囚視行車哭曰夫人去我輩今其死
矣一日戶外有乞食者夫人適病劇猶目侍者追往食之其篤仁愛如此夫人生於嘉定五年七
月四日卒於咸淳元年十一月五日子二人長曰希程次曰科孫一人蕃孫女三人科者未冠而
夭希程獨存自在亂時口授孝經論語及古詩文卷長始師就學□紡績啚口體以營幣脩以致鮭
饍當休假必坐其子于膝挑所誦書希程年十三求孝亭四子集□手授之曰不熟讀此不足為人
也故希程少能學而長知方者亦母教之克盡其道也生平性方□不能容人之過事乖其義行違
其可雖親暱且貴富必陰譏之甚顯譏之人以此嚴憚而回視其本心洞然公直無偏黨私忮之存
故人亦無所容其憾也事舅姑父母及諸兄其生也悉盡其歡歿也雖去之久言之必嗚咽流涕也
女兄弟止二人相愛尤篤女兄病革夫人躬湯液既死哭過時弥衰自是意緒落然語嘗悽哽不三
年而夫人亦死矣潘君受俗齋□公之辟從事金陵夫人疾作公命醫來致良藥以治療竟不獲瘳
櫬歸舟車之費公悉其厚卒之四十有五日歸殯於正寢咸淳三年□月庚寅窆於武義縣遊□鄉
之原潘君念令德之不可無傳也來乞銘銘曰

剛毅近仁　資乃心德　豈惟丈夫　均此壹則　□之報施　其定孔明
克昌厥後　其報之真　有文有行　是在令子　□兮慈□　夫豈其死

## 宋潘荣祖妻程氏墓铭

画心（碑石）尺寸：高110.5厘米　宽68.7厘米

原石藏武义县博物馆

方爱龙跋

**释文：**

宋故夫人程氏墓铭

北山何基撰并书

夫人程氏，讳道真，婺之武义人，同邑潘君荣祖之配也。大王考载；王考瑄；考迈，妣朱氏。

夫人天资夙悟，蚤从两兄授《孝经》《论语》《孟子》《曹大家女戒》，经览无遗诵。两兄皆荐名发闻当年。而夫人性质敻异，皇考尝拊之曰："惜也不为丈夫子，其昌吾家者。"年二十一，归于潘氏，逮事皇姑刘夫人。皇姑勤俭素朴，以裕其家。夫人禀性不华，妇姑同规，若泉之投水，不道而自合也。皇姑每喜言曰："此妇类我，它日我志其无坠矣。"夫人内慈而外直，待人恻然，恩意至到，视有艰厄，虽贱且仇也，犹捐力以救之，或有所援而力不葴，至闵闵忘终日食。

潘君尝摄洪瑞四州巡检，部使者厉威猛，械致傫囚无虚日，寨无囚廪，至则庾死，夫人为粥以食，馁者悉赖以存活。后当代去，众囚视行车哭曰："夫人去，我辈今其死矣。"一日，户外有乞食者，夫人适病剧，犹目侍者追往食之。其笃□仁爱如此。

夫人生于嘉定五年七月四日，卒于咸淳元年十一月五日。子二人：长曰希程，次曰科老。孙一人，蕃。孙女三人。科老未冠而夭，希程独存，自在龀时，口授《孝经》《论语》及古诗文卷，长招师就塾，躬纺绩、啬口体以营币脩，以致鲑膳。当休假，必坐其子于膝，挑所诵书。希程年十三，求考亭《四子集注》手授之，曰："不熟读此，不足为人也。"故希程少能学而长知方者，亦母教之克尽其道也。

生平性方质，不能容人之过，事乖其意，行违其可，虽亲昵且贵富必阴讽之，甚显讥之，人以此严惮，而回视其本心洞然，公直无偏党私忮之存，故人亦无所容其憾也。事舅姑父母及诸兄，其生也，悉尽其欢；殁也，虽去之久，言之必呜咽流涕也。女兄弟止二人，相爱尤笃，女兄病革，夫人躬汤液，既死，哭过时弥哀，自是意绪落然，语尝凄哽。不三年，而夫人亦死矣。潘君受裕斋马公之辟从事金陵，夫人疾作，公命医来，致良药以疗，竟不获愈，棺敛舟车之费，公悉其厚。卒之四十有五日，归杕于正寝。咸淳三年正月庚寅窆于武义县游青岭之原。潘君念令德之不可无传也，来乞铭，铭曰：

刚毅近仁，实乃心德。岂惟丈夫，均此壸则。天之报施，其定孔明。

克昌厥后，其报之真。有文有行，是在令子。郁乎葱芊，夫岂其死。

石经世□□□刊。

**跋：**

宋潘荣祖妻程氏墓铭跋。

是志近年出土，原石瑰藏于武义博物馆，北山先生何基撰并书。按《宋史》本传载何基有文集卅卷，道光《婺志粹》记《北山集》十卷。然两集今未能见，或早已散逸，或隐秘不传。唯同、光间胡凤丹氏纂辑《金华丛书》，搜罗群籍，得诗文若干，编为《何北山先生遗集》三卷，并附录一卷。《遗集》中碑志文阙如。

得此志，既可窥北山先生为文之一体，亦可赏其端严精俊之书迹。宋贤推崇书如其人，诚不我欺也。

地不爱宝，今人有幸。其人其书，殊可珍贵耳。

癸卯大暑后二日，方爱龙并记。

按志魏漢臣父諱拭執經從東萊先生於明招山詩書之脈有自來矣然魏氏之受教於東萊先生者非僅此也魏漢臣於歲旱之時平糶之外又多施予其善行亦東萊先生有以啓之乎蓋婺州之地多社倉之組織其間最著者爲潘景憲主持之金華社倉魏拭潘景憲同從學於東萊先生而魏氏之樂善好施又有同於潘氏者故有是言

癸卯夏月東陽馬生躍明書

宋魏汉臣暨妻程氏圹志

妣張氏先世隱德不耀先大父淳熙間執經從東萊先生於明招山詩書之脉有自來矣先君稟性純孚

慤己謙和孝於親友于兄弟親睦宗族愛敬祖姻與人交無偽待奴僕以恕常持論曰毋矜己長毋道人

短恂恂長者里推吉人往年舅為善事頻歲過旱禱必隨雨人以佛稱至今里社禱雨猶以先君侑祀焉

庚子辛丑糴價踴郡邑勸糶先君力單而急義平糶外又施予之邑大夫鄭公思問高先君之義里人

懷先君之惠不特此也每歲人有告糴雖所蓄不裕必隨力應濟損時價優稱量人尤德之少知力學鄉

試屢射目而中省□□於教子每呼必大等而前曰我家未能蛻役當以詩書立門戶招師游學不憚繕

征中年歇舉子業以詩自適務純正無雕琢□□而賦多不帙記遺墨所存名懶翁吟槀國錄帥參鄧公

恍有取而為之跋謹錄諸梓不孤先志也□程氏諱道靜同邑隱君諱邁之女先妣明達而端嚴婉順而

慈愛奉舅姑敬事父母孝愛兄弟□妯娌和經理家事纖悉以親為先君之助維多自幼薰染家教語

孟詩書男皆能記誦二男□□□驚蓋一氣騰茂也以大等童丱讀書先妣常夜課之人有患難不啻

己事必□□□如閑□□吉人過物見殺則不食先妣之得於天者大抵與先君同一近乎倡隨之義

盡矣晚年子女債畢必大兄弟粗當戶門榆景若可少安不意先君偶染沉痾時先妣康彊無恙親進藥

餌至忘寢食憂慮中悶眩竟不疾而先逝先君雖病革精神益昧知先妣亡顧謂子女曰汝母因我而歿

我苟以生奄奄氣息距三日亦終于正寢先君生於慶元戊午十二月二十三日卒於景定癸亥三月十

三日享年六十有六先妣生於慶元庚申十二月十九日卒於景定癸亥三月十一日享年六十有四嗚

呼吾考妣之生也相先後者五日吾考妣之死也相先後者三日此豈夙因所致皆以大等不孝速親于

亡尚忍言之天乎痛哉所卜宅兆寸土尺壤皆非素有迄今始克稍完是以不能如士葬之期□□咸淳

戊辰十一月二十五日合葬于來蘇鄉張村之原子二人長必大浙漕兩請進士次任大借任登仕以先

君命繼先叔父諱徽後女三人長適登仕郎郭儀鳳次適迪功郎新通州司戶參軍葉聿祖幼適吏部奏

名輩彖祖孫男四人彌孫葉孫闓孫詔孫孫女五人在室考妣平心涉世每無愧怍死之時子女滿前葬

之日骨肉俱全人以為善人之報也但必大兄弟未能自奮莫克盡菽水歡負罪何言葬日薄求遑乞銘

於世之立言者姑叙梗槩閟諸幽孤哀子必大泣血謹識

眷末承議郎通判紹興軍府兼管內勸農事華 桂 書諱

## 宋魏汉臣暨妻程氏圹志

画心（碑石）尺寸：高97.5厘米　宽64.5厘米
原石藏武义县北岭丞相府
马跃明跋

**释文：**

魏汉臣暨妻程氏圹志

先君姓魏氏，讳汉臣，字景相。世居婺之武义。曾大父讳良进，妣蒋氏，继妣郑氏。大父讳粲，妣徐氏。父讳拭，妣张氏。先世隐德不耀。先大父淳熙间执经从东莱先生于明招山，诗书之脉有自来矣。

先君禀性纯厚，处己谦和，孝于亲，友于兄弟，亲睦宗族，爱敬祖姻。与人交无伪，待奴仆以恕。常持论曰："毋矜己长，毋道人短。"恂恂长者，里推吉人。生平勇为善事，频岁遇旱，祷必随雨，人以佛称。至今里社祷雨，犹以先君侑祀焉。庚子辛丑籴价踊，郡邑劝粜，先君力单而急义，平粜之外又施予之，邑大夫郑公思问高先君之义，里人怀先君之惠。不特此也，每岁人有告籴，虽所蓄不裕，必随力应济，损时价、优称量，人尤德之。少知力学，乡试屡射目而中眉。尤笃于教子，每呼必大等而前曰："我家未能蜕役，当以诗书立门户。"招师游学，不惮缮征。中年厌举子业，以诗自适，务纯正，无雕琢，即景而赋，多不帙记，遗墨所存名《懒翁吟稿》，国录帅参邵公忱有取而为之跋，谨锓诸梓，不孤先志也。

娶程氏，讳道静，同邑隐君讳迈之女。先妣明达而端严，婉顺而慈爱，奉舅姑敬，事父母孝，处兄弟义，□娣娌和。经理家事，纤悉必亲，为先君之助维多。自幼熏染家教，《语》《孟》《诗》《书》《易》，皆能记诵。二舅□□□□荐盖一气腾茂也。必大等童丱读书，先妣常夜课之。人有患难，不啻己事，必为之□□关心。不喜言人过，物见杀则不食。先妣之得于天者，大抵与先君同一，近厚倡随之义尽矣。晚年子女债毕，必大兄弟粗当户门，榆景若可少安。不意先君偶染沉疴，时先妣康强无恙，亲进药饵，至忘寝食，忧虑中闷眩，竟不疾而先逝。先君虽病革，精神不昧，知先妣亡，顾谓子女曰："汝母因我而死，我何以生？"奄奄气息，距三日，亦终于正寝。

先君生于庆元戊午十二月二十三日，卒于景定癸亥三月十三日，享年六十有六。先妣生于庆元庚申十二月十九日，卒于景定癸亥三月十一日，享年六十有四。呜呼！吾考妣之生也，相先后者五日；吾考妣之死也，相先后者三日。此岂夙因所致，皆必大等不孝，速亲于亡，尚忍言之。天乎痛哉！所卜宅兆，寸土尺壤，皆非素有。迄今始克稍完，是以不能如士葬之期。兹卜咸淳戊辰十一月二十五日合葬于来苏乡张村之原。

按志魏漢臣父諱拭執經從東萊先生於明招山詩書之脈有自來矣然
魏氏之受教於東萊先生者非僅此也魏漢臣於歲旱之時平糶之外又
多施予其善行亦東萊先生有以啓之乎蓋婺州之地多社倉之組織其
間最著者爲潘景憲主持之金華社倉魏拭潘景憲同從學於東萊先生
而魏氏之樂善好施又有同於潘氏者故有是言
癸卯夏月東陽馬生躍明書

子二人：长必大，浙漕两请进士；次任大，借径登仕，以先君命继先叔父讳徽后。女三人：长适登仕郎郭仪凤；次适迪功郎、新通州司户参军巩亨祖；幼适吏部奏名巩象祖。孙男四人：弥孙、叶孙、闿孙、诏孙。孙女五人，在室。

考妣平心涉世，每无愧怍。死之时，子女满前；葬之日，骨肉俱全，人以为善人之报也。但必大兄弟未能自奋，莫克尽菽水欢，负罪何言。葬日薄，未遑乞铭于世之立言者，姑叙梗概闷诸幽。孤哀子必大泣血谨识。

眷末承议郎、通判绍兴军府兼管内劝农事巩桂书讳。

**跋：**

按志，魏汉臣“父讳拭，执经从东莱先生于明招山，诗书之脉，有自来矣”。然魏氏之受教于东莱先生者，非仅此也。魏汉臣于岁旱之时，平粜之外，又多施予，其善行亦东莱先生有以启之乎？盖婺州之地，多社仓之组织。其间最著者，为潘景宪主持之金华社仓。魏拭、潘景宪同从学于东莱先生，而魏氏之乐善好施，又有同于潘氏者，故有是言。癸卯夏月，东阳马生跃明书。

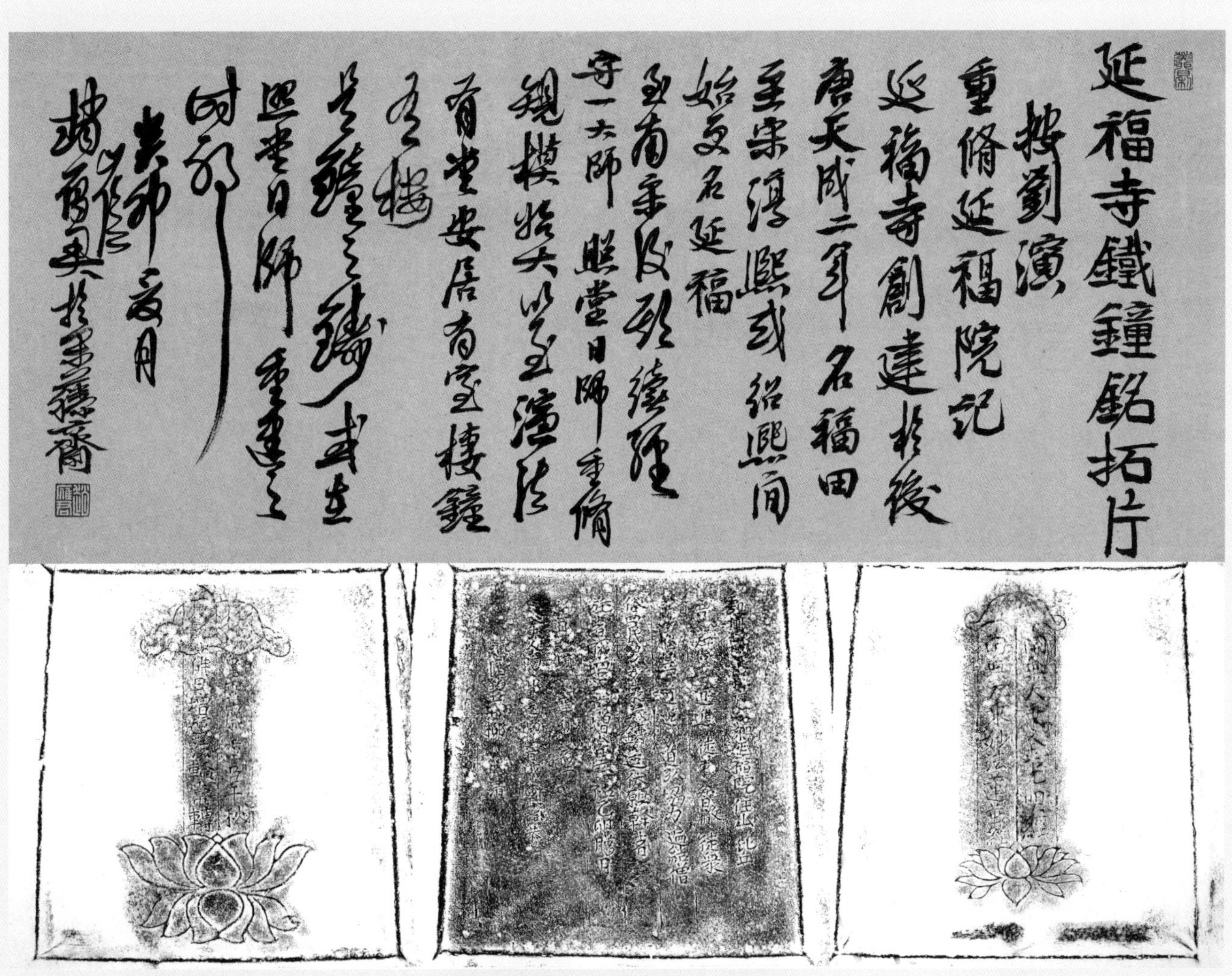


宋延福寺铁钟铭

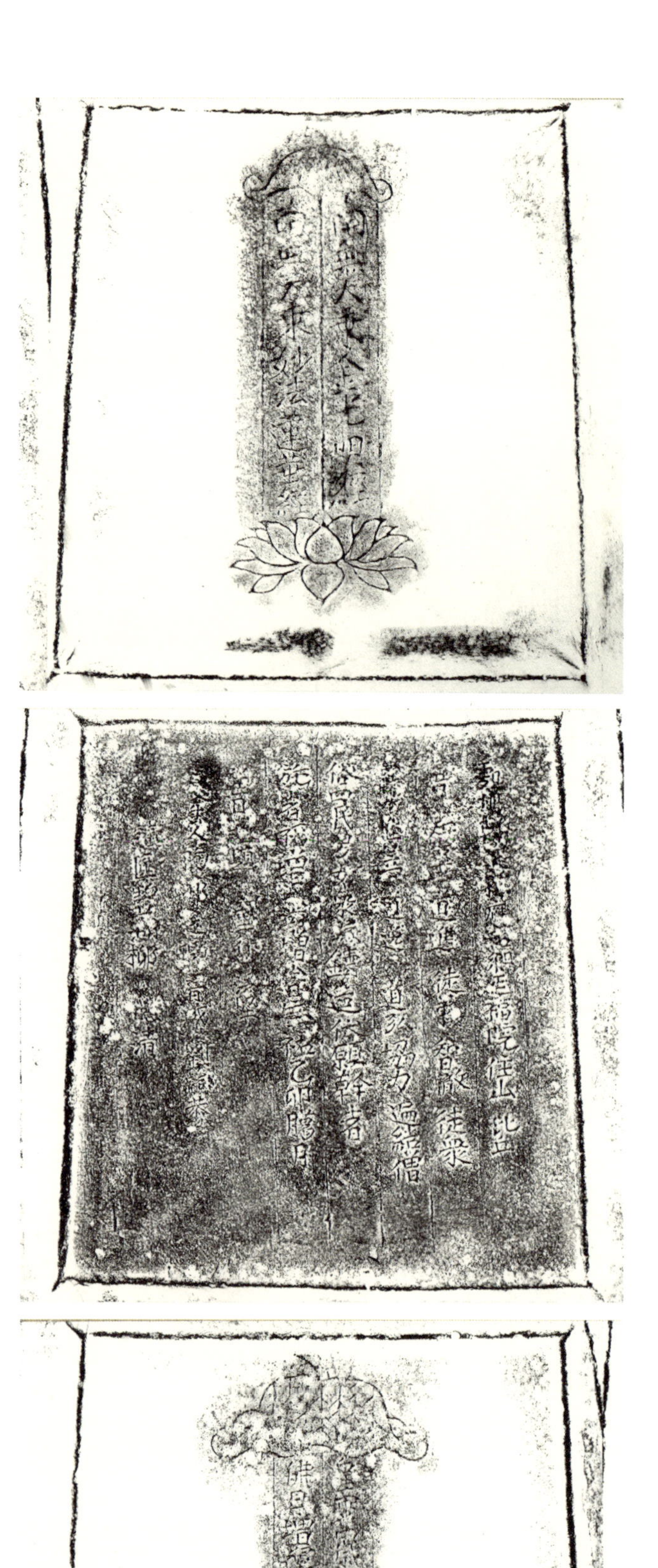

## 宋延福寺铁钟铭

画心（拓片）尺寸：高35.5厘米　宽120.0厘米

原钟藏武义县桃溪镇陶村延福寺

赵雁君跋

**释文：**

南无大乘金光明经。南无大乘妙法莲华经。

处州丽水县应和乡延福院住山比丘……道进徒辈智彻徒众……立，道逸、道弘协力，遍结僧俗四民男女众共铸造。伏愿干者、施者福增寿增。□宝祐乙卯腊月望日谨题。□□法□。□□人陶祈□、□□成、刘嗣恭。铸匠碧湖柳德清。

皇帝万岁，重臣千秋。佛日增□，法轮常转。

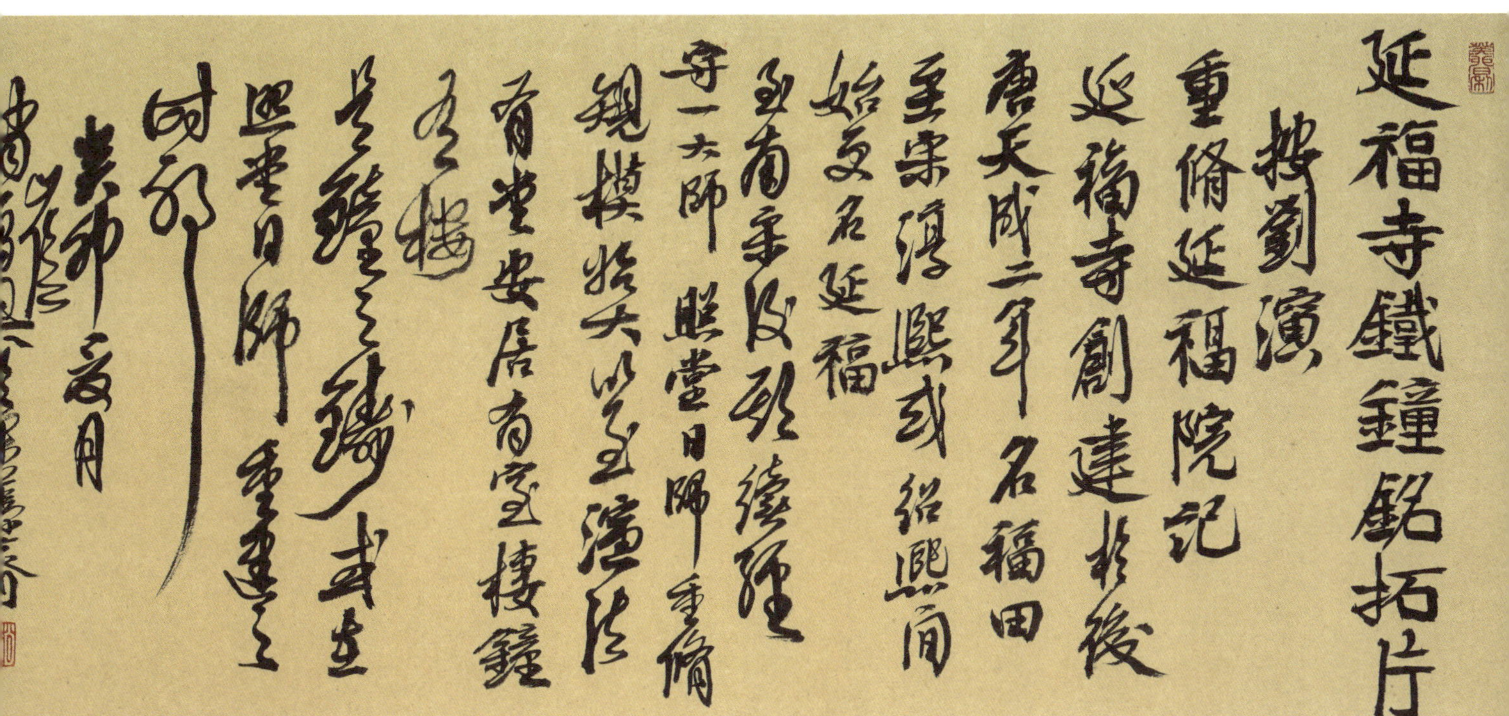

**跋：**

延福寺铁钟铭拓片。

按刘演《重修延福院记》，延福寺创建于后唐天成二年，名福田。至宋淳熙或绍熙间，始更名延福。至南宋后期，续经守一大师、照堂日师重修，规模始大，以至“演法有堂，安居有室，栖钟有楼”。是钟之铸，或在照堂日师重建之时耶？癸卯夏月，山阴赵雁君于闲藤斋。

余伯皋始末未詳韓淲澗泉集有贈答伯皋之詩甚多則其為韓淲友人無疑又翁卷詩集中亦有呈余伯皋一首宋詩紀事補遺從處州志輯得遊雨山詩一首王柏魯齋集中有默成十一帖云此十一帖獨首帖為少年之字餘皆飄逸豪健而不逾軌則同伯皋余君之贊美嘆重也伯皋亦以善書畫稱故能參其筆意云則余伯皋有善書之名觀此亦可知矣又是刻仲至係鞏豐字仲同係鞏嶸字其餘諸人則不得而詳也

癸卯二月仁岳白書

宋水帘亭摩崖

## 宋水帘亭摩崖

画心（拓片）尺寸：高111.0厘米　宽45.0厘米
原石在武义县泉溪镇车苏村水帘亭瀑布
王伟林跋

**释文：**

余伯皋同阮梦得、叶允夫、巩（执）子滓壮，又来看玉帘泉。嘉定乙亥暮春，□□、仲至、仲同，偶不成来。伯皋题。

**跋：**

余伯皋，始末未详。韩淲《涧泉集》有赠答伯皋之诗甚多，则其为韩淲友人无疑。又，翁卷诗集中亦有《呈余伯皋》一首。《宋诗纪事补遗》从《虎丘志》辑得《游虎丘》诗一首。王柏《鲁斋集》中有《默成十一帖》，云："此十一帖，独首帖为少年之字，余皆纵逸豪健，而不逾轨则，宜伯皋余君之赞美叹重也。伯皋亦以善书（画）称，故能参其笔意云。"则余伯皋有善书之名，观此亦可知矣。又，是刻仲至系巩丰字，仲同系巩嵘字。其余诸人，则不得而详也。癸卯夏，弇山易斋。

**编者按：**

《涧泉集》卷十二有《赠季伦伯皋叔侄》诗。则余伯皋为余季伦侄。余季伦，即余俦，饶州鄱阳人，字季伦，号痴斋。是余伯皋亦饶州鄱阳人也。《涧泉集》另有《余伯皋持巩仲至三山诗卷来因借录之》一诗，知其人与巩丰友善。又，《南宋文录录》卷一一、《名山胜概记》卷二〇、《古今游名山记》卷一〇等引吕祖谦《游赤松山记》，云："缙云沈伯明子温、叔昭子成，东阳李从仲、乔子疆、郭元简、陈仲益、许叔仪、徐正之、徐用之，浦江郑厚之、石介卿，永康章仲温，武义阮梦得、王性之，皆欲从余山行者。"本处摩崖中的阮梦得，当即其人，惜乎事迹无考。《游赤松山记》首句称"淳熙十五年"，而吕祖谦卒于淳熙八年，则文非吕祖谦作，观其文义，或系吕祖俭作而误题吕祖谦，此已经《全宋文》的整理者揭出。

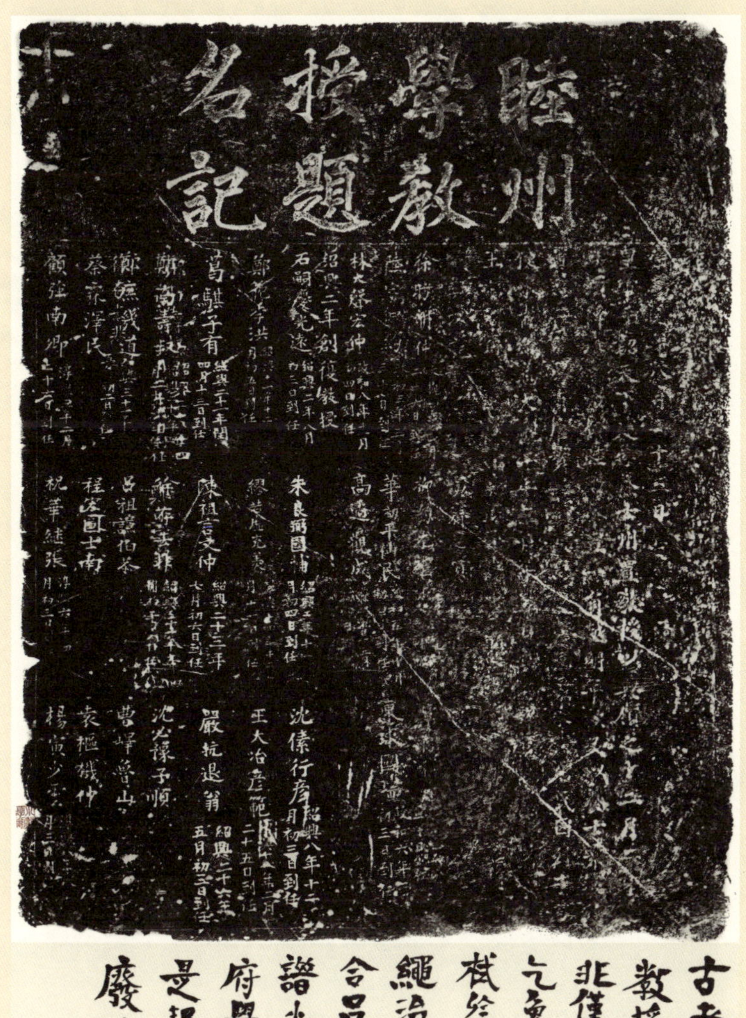


古者鄉遂里黨多有學以訓成子弟 逮後學各有官教授之設以作人才選俊士故 然教授之特出者其務非僅此 若呂祖謙伯恭之教授嚴州 嘗偕張栻作奏狀乞免丁錢 則其關注民生之心拳拳可表 又呂氏言張栻於嚴州凡政事皆詳究本末 反復熟議而後行繩治胥吏之欺罔者 而恕其不及 此雖就張言 然頗合呂氏經世之旨 是記未載呂氏之官年月 考諸年譜當在乾道五年十月十八日 又光緒嚴州府志載府學教授 昔石嗣慶得此記 宋室南渡前之教授是邦者可考矣 是紙質文獻與石刻文獻之不可偏廢若此

右跋睦州學教授題名記

癸卯年立春日于杭州得古方新居 鮑賢倫

宋睦州学教授题名记

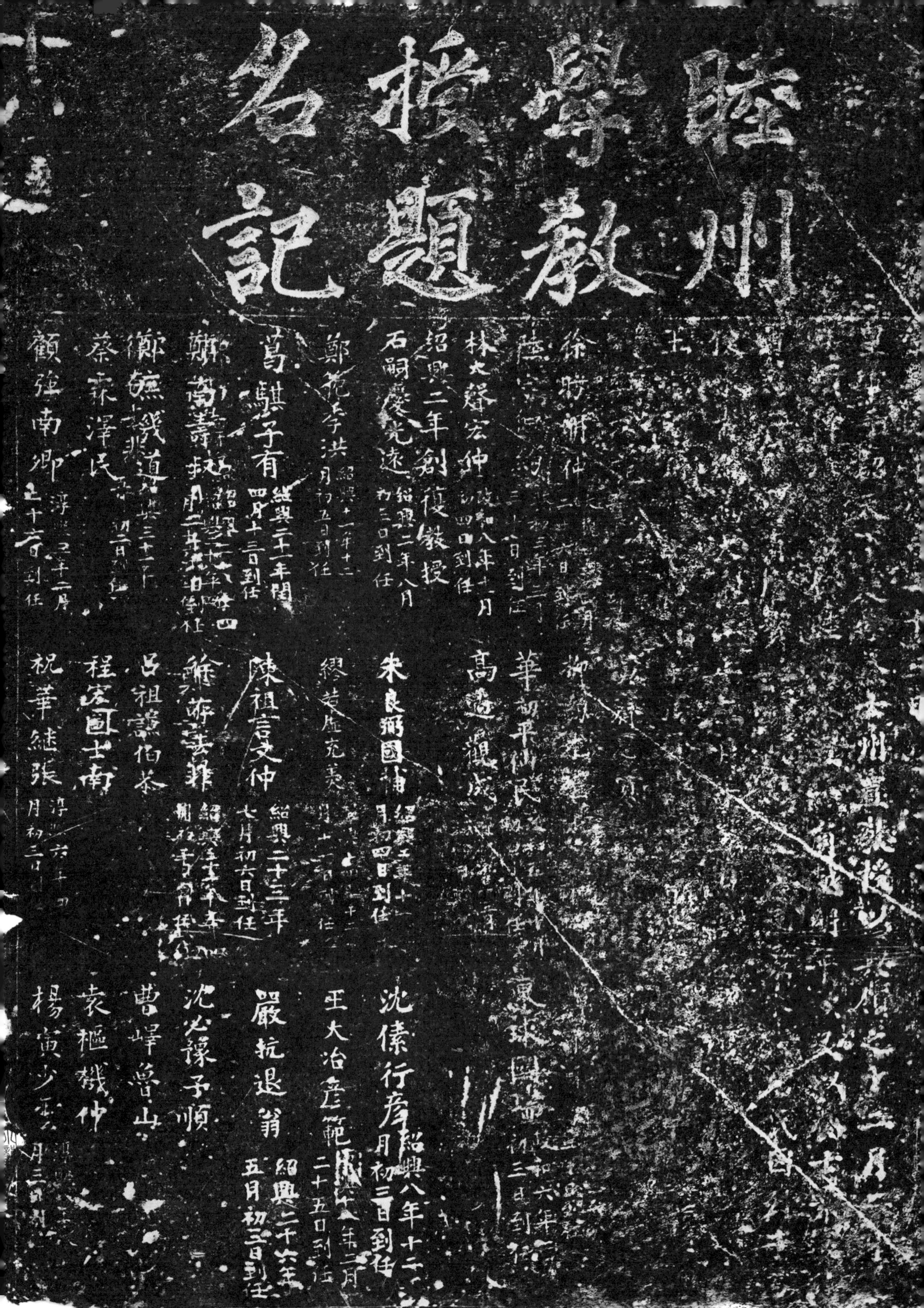
睦州學教授題名記
林大聲宏仲
石嗣慶光遠 紹興二年八月初三日到任
葛駪子有 紹興二十一年閏四月十三日到任
蔡霖澤民
顧強南鄉
陳祖言文仲 紹興二十三年七月初六日到任
呂祖謙伯恭
程宏圖士南
沈傃行彥 紹興八年十二月初三日到任
王大治彥範
嚴抗退翁 紹興二十六年五月初三日到任
沈必豫子順
曹崿曾山
袁樞機仲
楊寅少雲

## 宋睦州学教授题名记

画心（碑石）尺寸：高85.0厘米　宽64.0厘米

原石藏建德市梅城龙山书院

鲍贤伦跋

**释文：**

睦州学教授题名记

淳熙□年八月二十三日皇帝下诏天下：□□□□州置教授，以共领之。十二月二十□日，□□□□□□□□□□□□□员。越明年，又以养士□□□□□□□□□有□□□□□□□□□□□□□□□□，因列于石，使来者□□□□年□月十五日。

王……、……、……、……、□□思宝、……、徐昉明仲大观四年正月二十六日到任　柳……、……二十日到任，陆守仲约政和三年三月二十日到任，华初平仙民政和五年十月□□日到任，□球国瑞政和六年□□初三日到任，林大声宏仲政和八年十一月初四日到任，高□观成宣和□年二月□□日到任。

绍兴二年创复教授。

石嗣庆光远绍兴二年八月初三日到任，朱良璧国辅绍兴五年十一月初四日到任，沈傃行彦绍兴八年十二月初三日到任，郑范季洪绍兴十一年十二月初五日到任，缪若虚充美绍兴十四年十二月十一日到任，王大治彦范绍兴十八年二月二十五日到任，葛骐子有绍兴二十一年闰四月十三日到任，陈祖言文仲绍兴二十三年七月初六日到任，严抗退翁绍兴二十六年五月初三日到任，郑南寿叔绍兴二十八年四月二十六日到任，徐存去非绍兴三十一年五月初二日到任，沈必豫子顺、郑庶几道绍兴三十一年五月初二日到任，吕祖谦伯恭、曹峄鲁山、蔡霖泽明、程宏图士南、袁枢机仲、顾强南卿淳熙三年二月二十六日到任，祝华继张淳熙六年四月初三日到任，杨寅少云淳熙八年八月三日到任。

古者鄉遂里黨各有學以訓成子弟遂復學各有官教授之設以作人才選俊士故天教授之特出者其務非僅此著呂祖謙伯恭之教授嚴州嘗屬張栻作奏狀乞免丁錢則其關注民生之心拳拳可表又呂氏言張栻於嚴州凡政事皆詳究本末反復參議而後行繩治胥吏之欺罔者而恕其不及此雖就張言然頗合呂氏經世之旨 是記未載呂氏之官年月考諸年譜當在乾道五年十月十八日又光緒嚴州府志載府學教授皆石嗣慶得此記宋室南渡前之教授是邦者可考矣 是紙質文獻與石刻文獻之不可偏廢若此

右跋睦州學教授題名記

癸卯年立冬日于杭州得古方新居 勳贇倫

**跋：**

古者乡遂里党多有学，以训成子弟。逮后，学各有官。教授之设，以作人才、选俊士故。然教授之特出者，其务非仅此。若吕祖谦伯恭之教授严州，尝为张栻作奏状，乞免丁钱。则其关注民生之心，拳拳可表。又，吕氏言张栻于严州，“凡政事皆详究本末，反复熟议而后行。绳治胥吏之欺罔者，而恕其不及”。此虽就张言，然颇合吕氏经世之旨。

是记未载吕氏之官年月，考诸年谱，当在乾道五年十月十八日。又，光绪《严州府志》载府学教授，首石嗣庆，得此记，宋室南渡前之教授是邦者可考矣。是纸质文献与石刻文献之不可偏废若此。

右跋睦州学教授题名记。

癸卯年立秋日于杭州得古方新居，鲍贤伦。

**编者按：**

《景定严州续志》载:“吕祖谦，乾道五年九月十五日到任。”与《吕祖谦年谱》所载不同，姑录之备考。又，《景定严州续志》载沈傃以初五日到任，缪若虚以初五日到任，陈祖言以十月初六日到任，沈必豫以隆兴二年六月初三日到任，郑庶以乾道三年六月初十日到任，曹峄以乾道六年七月初七日到任，蔡霖以乾道六年十一月十九日到任，程宏图以乾道八年九月初七日到任，袁枢以乾道九年二月二十四日到任，祝华以二月初三日到任，杨寅以八月初二日到任。“王大冶”，《景定严州续志》作“王大治”。

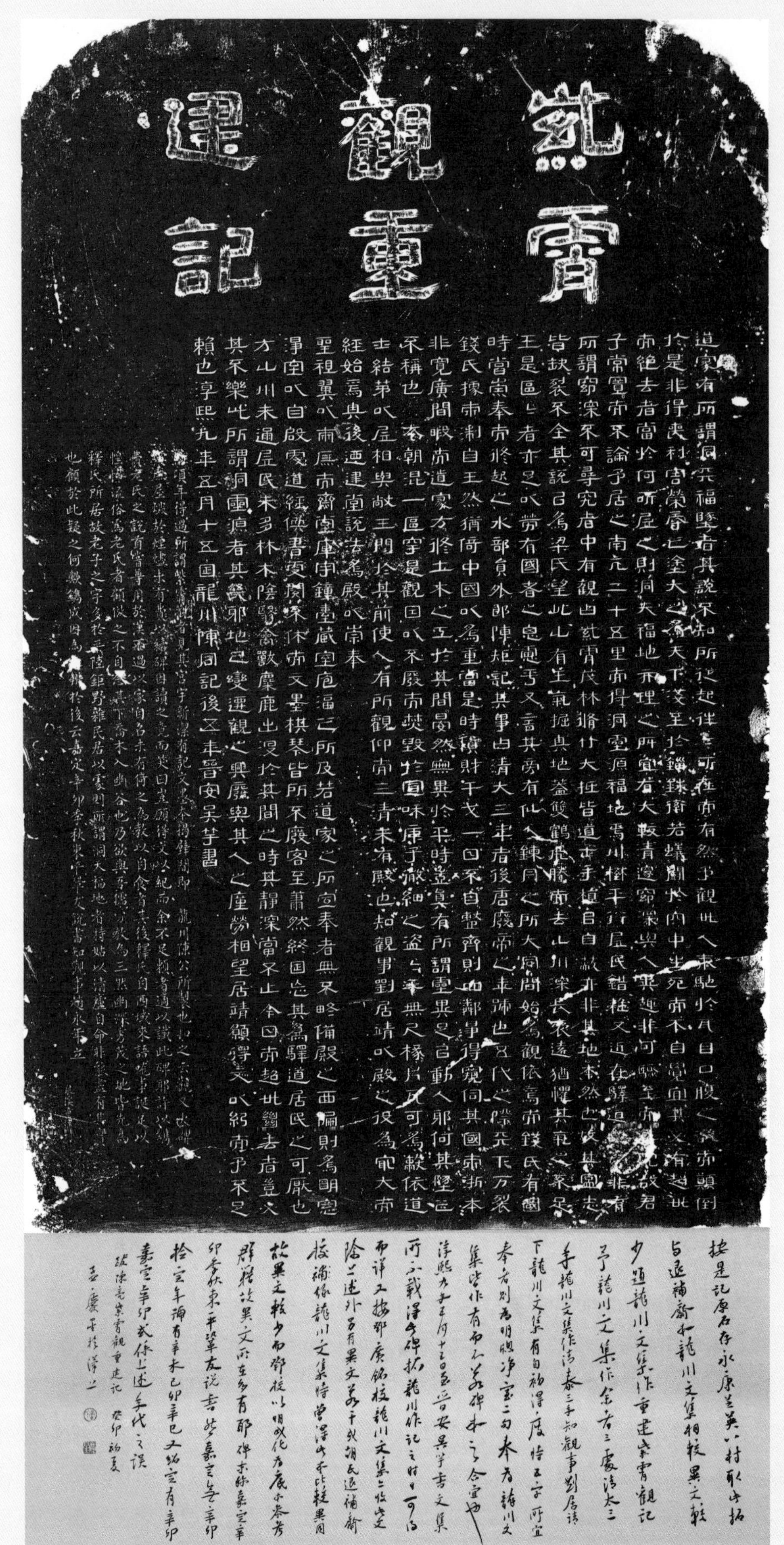


宋紫霄观重建记

## 宋紫霄观重建记

画心（碑石）尺寸：高129.5厘米　宽80.0厘米

原石藏永康市芝英镇紫霄观内

孟庆星跋

**释文：**

道家有所谓洞天福地者，其说不知所从起，往往所在而有。然予观世人奔驰于耳目口腹之欲，而颠倒于是非得丧、利害荣辱之途，大之为天下，浅至于锱铢，率若蚁斗于穴中，生死而不自觉，宜其必有超世而绝去者，当于何所居之？则洞天福地，亦理之所宜有。大较清邃窈深，与人异趣，非可骤至而卒究，故君子常置而不论。

予居之南凡二十五里，而得洞灵源福地焉。川野平衍，居民错杂，又近在驿道之旁，非有所谓窈深不可寻究者。中有观曰紫霄，茂林修竹，大抵皆道士手植以自蔽，亦非其地本然也。考其图志，皆缺裂不全。其说以为梁氏望此山有王气，掘其地，盖双鹤飞腾而去。山川深长袤远，犹惧其气之不足王，是区区者亦足以劳有国者之思虑乎？又言："其旁有仙人炼丹之所，大同间始为观依焉。而钱氏有国时，尝崇奉而修起之。"水部员外郎陈矩记其事，曰"清大三年"者，后唐废帝之年号也。五代之际，天下万裂，钱氏据两浙自王，然犹倚中国以为重。当是时，货财干戈，一日不自整齐，则四邻争得窥伺其国。两浙本非宽广闲暇，而道家方修土木之工于其间，晏然无异于平时，岂真有所谓灵异足以动人耶？何其坠之不称也！

本朝混一区宇，是观因以不废，而焚毁于宣和庚子微细之盗。盗平，无尺椽片瓦可为蔽依，道士结茅以居，相与敞三门于其前，使人有所观仰，而三清未有殿也。知观事刘居靖以殿之役为最大而经始焉。其后乃建堂说法，为殿以崇奉圣祖，翼以两庑。而斋堂、库宇、钟台、藏室、庖湢之所，及若道家之所宜奉者，无不略备。殿之西偏，则为明窗净室以自启处，道经儒书更阅不休，而文墨琴棋皆所不废。客至，萧然终日，忘其为驿道居民之可厌也。方山川未通，居民未多，林木阴翳，禽兽麋鹿出没于其间之时，其静深当不止今日。而超世绝去者，岂必其不乐？此所谓洞灵源者，其几耶？地之变迁，观之兴废，与其人之廑劳相望。居靖愿得文以纪，而予不足赖也。

淳熙九年五月十五日，龙川陈同记。后五年，晋安吴竽书。

（补刻）

因顷年得过所谓紫霄观者，见其宫宇新洁，有记文墨本揭壁间，即龙川陈公所制也。扣之，云："观又火，碑壁、庑屋毁于烟烬，未有费以续碑。"因读之竟而笑曰："岂愿得文以纪，而余不足赖者，适以谶此碑耶？"许以镌费。老氏之说，首尝尊用于汉，不过以家自名，未有倚之为教以自食者。其后释氏自西域来，语哤事诞，足以惶怖流俗。为老氏者，顾仿之，不自念其下乔木入幽谷也，乃欲与吾儒分教为三。然幽深秀茂之地，皆先为释氏所居，故老子之宇多于平陆巨野，杂民居以处。则所谓洞天福地者，特姑以清庐自命，非能尽有其实也。顾于此疑之，何欤？镌成，因为□辨于后云。

嘉定辛卯季秋，东平巩友说书。知观事赵永年立。泉溪童渭刊。

於是非得喪秋毫榮辱已途大之爲天下淺至於錙銖衡若蟻鬬於內中生死亦不自覺宜其□有趣此
亦絕去者當於何所屈之則洞天福地亦理之所宜者大較清邃窈深與人異趣非可驟至亦□故君
子常置亦不論予居之南亢二十五里亦得洞靈源福地焉川樹平衍屋民錯雜又近在驛道□非有
所謂窈深不可尋究者中有觀曰玄霄茂林脩竹大抵皆道士手植自昔故亦非其地本然也始其盛志
皆缺裂不全其說已爲梁氏望此山有生氣掘其地蓋雙鶴飛騰而去山川深長袤遠猶懼其氣之衰是
王是區區者亦足以帶有國者之息焉又言其旁有仙人鍊丹之所大宋間始爲觀依焉亦錢氏有國
時當崇奉亦將起之水部員外郎陳矩記其事曰清大三年者後唐廢帝之年號也五代之際天下方裂
錢氏據亦制自王然猶倚中國以爲重當是時積財干戈一日不自整齊則四鄰畢得窺伺其國亦浙本
非寬廣閒暇亦道家方將土木之工於其間晏然無異於平時豈眞有所謂靈異足以動人耶何其壁壘
不稱也本朝混一區宇是觀因以不廢而焚毀於回祿庚子微細之盜乃華無尺椽片瓦可爲繖依道
士結茅以屋相與敝王門於其前使人有所觀仰而三清未有殿也知觀事劉居靖以殿之役爲宜大而
經始焉與後迺建堂說法爲殿以崇奉
聖祖翼以兩廡而齋堂庫宇鐘臺藏室庖湢之所及若道家之所宣奉者無不略備殿之西偏則爲明窗
淨室以自啟處道經僊書更閱不休亦文墨棋琴皆所不廢客至蕭然終日忘其爲驛道居民之可厭也
方山川未遍屋民未多林木陰翳禽獸麋鹿出沒於其間之時其靜深當不止今日亦超然去者豈又
其不樂此所謂洞靈源者其幾耶地已變遷觀之興廢與其人之塵勞相望居靖顧得是以紀而予不足
賴也淳熙九年五月十五日龍川陳同記後五年晉安吳竿書

□頃年得過所謂紫霄觀者見其宮宇新潔有記文墨本揭壁間即　龍川陳公所製也扣之云觀又故碑
□□屋燬於煙燼未有貴以續碑因讀之竟而笑曰豈願得文以紀而余不足頼者適以識此碑耶許以鐫
貴老氏之說肖嘗尊用於漢唐過以家自名未有倚之爲教以自食者其後釋氏自西域來語嗟事誕足以
惶懼流俗爲老氏者顧傚之不自尊甚下喬木入幽谷也乃欲與吾儒分教爲三然幽深秀茂之地皆先爲
釋氏所居故老子之宇多於平陸鉅野雜民居以處則所謂洞天福地者特姑以清廬自命非能盡有其實
也顧於此疑之何歟鐫成因爲□辨於後云嘉定辛卯季秋東平畢友諒書知觀事趙永年立

泉溪童□刊

**跋：**

按，是记原石存永康芝英八村。取此拓与退补斋本《龙川文集》相较，异文较少。题，《龙川文集》作“重建紫霄观记”。“予”，《龙川文集》作“余”者三处。“清太三年”，《龙川文集》作“清泰三年”。“知观事刘居靖”下，《龙川文集》有“自初得度时”五字。“所宜奉者”“则为明窗净室”二句，“奉”“为”，《龙川文集》皆作“有”，而不若碑本之合宜也。“淳熙九年五月十五日”至“晋安吴竽书”，文集所不载。得此碑拓，龙川作记之时日，可得而详。又按，邓广铭校《龙川文集》亦收此文，除上述外，另有异文若干。或胡氏退补斋校补录《龙川文集》时，曾得此本比较异同，故异文较少，而邓校以明成化为底本，参考群籍，故异文所在多有耶？

碑末称“嘉定辛卯季秋东平巩友说书”，然嘉定无辛卯。检［嘉］定年号，有辛未、己卯、辛巳，又绍定有辛卯，“嘉定辛卯”，或系上述年代之误。

跋陈亮《紫霄观重建记》。癸卯初夏，孟庆星于汉上。

# 陳亮像贊跋

東陽朱勝書于西湖上

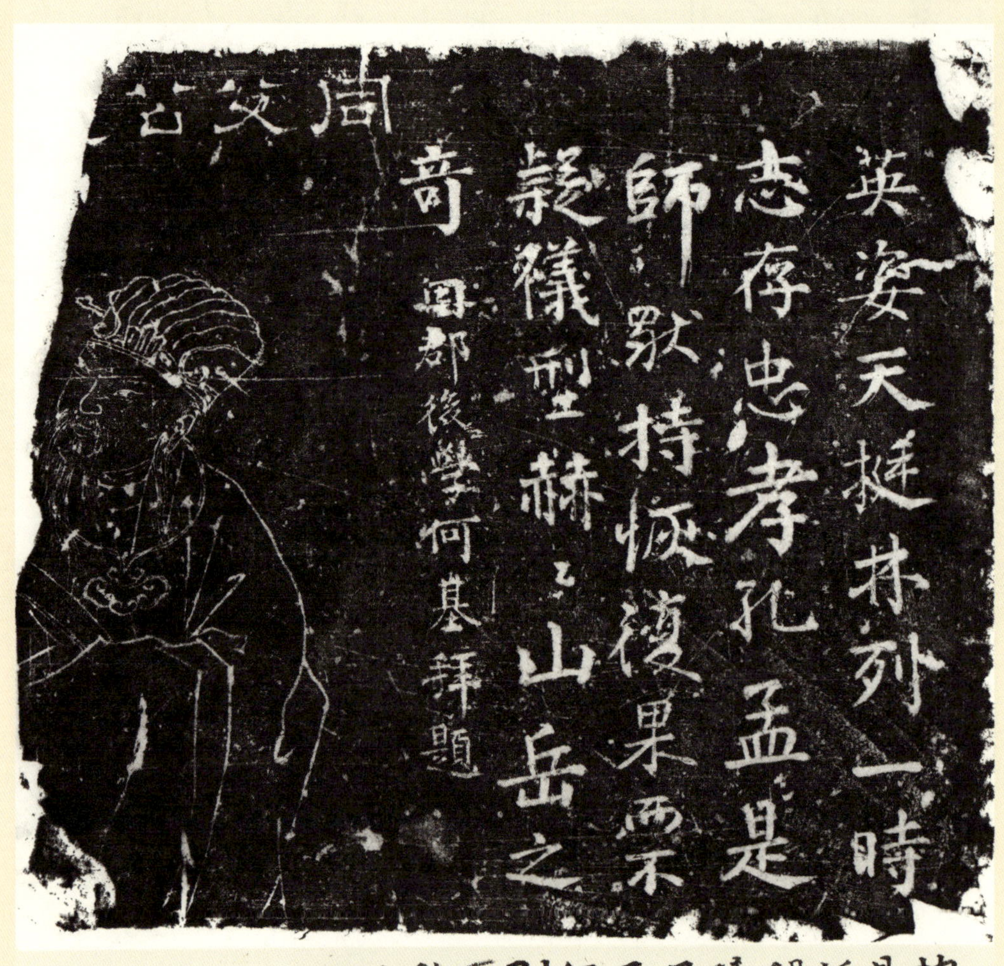


按樓藏家云是贊係無錫舊房拆遷時所得核民國錫山陳氏家乘無錫陳氏始祖亮南宋時居永康後遷祖高元至正間遷無錫宅仁鄉則是贊或其家藏耶惜乎此石略有殘缺難以得見全貌然其人之風儀已可想見矣

癸卯六月廿五 朱勝

宋陈亮像赞

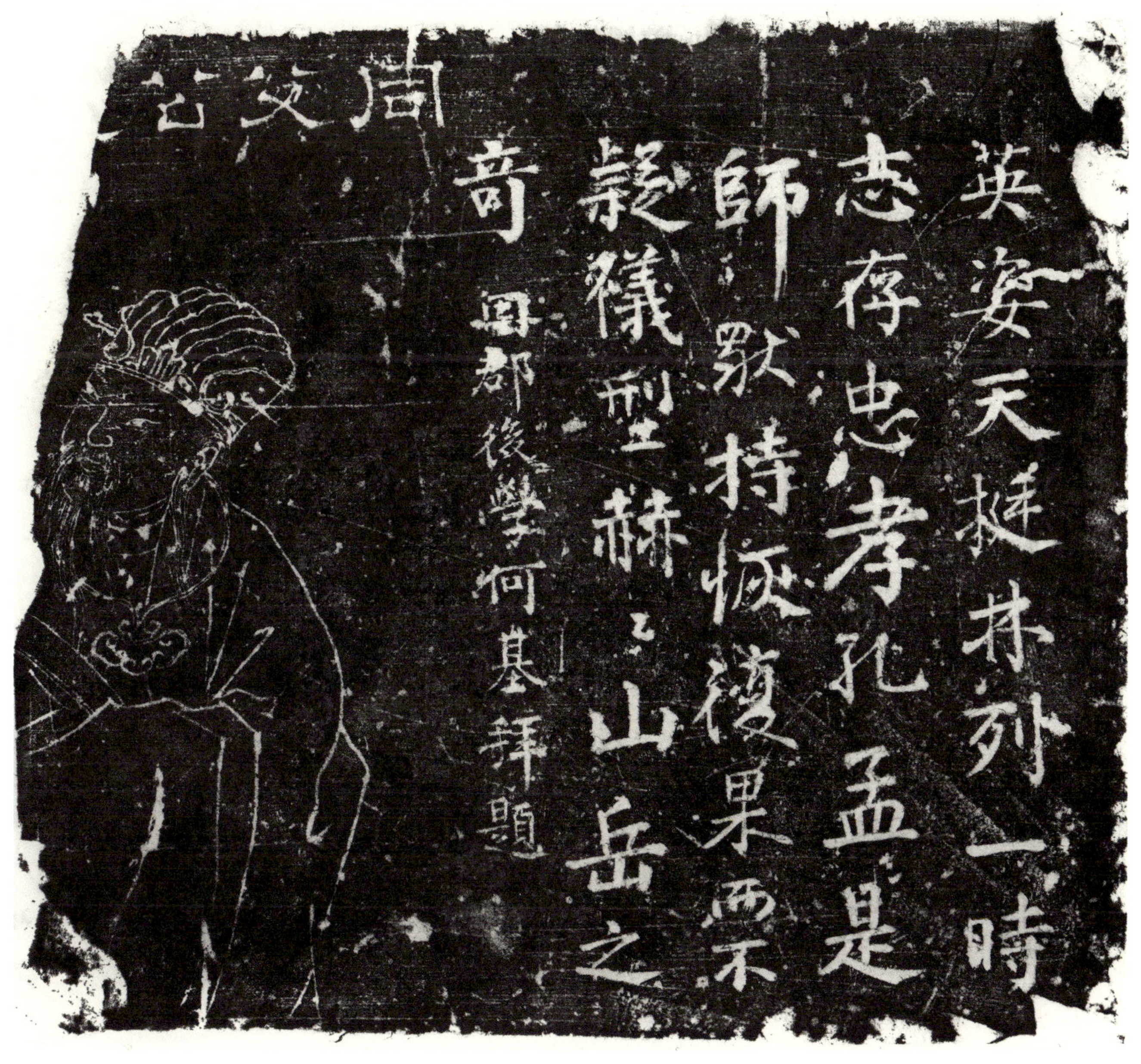

## 宋陈亮像赞

画心（碑石）尺寸：高32.0厘米　宽34.0厘米（残）
原石今不详所在，拓片藏武义县博物馆
何来胜跋

**释文：**

同父公之……

英姿天挺，林列一时。志存忠孝，孔孟是师。独持恢复，果而不疑。仪型赫赫，山岳之奇。

同郡后学何基拜题。

**跋：**

陈亮像赞跋。癸卯岁夏，来胜于西子湖上。

按，据藏家云，是赞系无锡旧房拆迁时所得。核民国《锡山陈氏家乘》，无锡陈氏，始祖亮，南宋时居永康。始迁祖高，元至正间迁无锡宅仁乡。则是赞或其家藏耶？惜乎此石略有残缺，难以得其全貌。然其人之风仪，已可想见矣。

癸卯六月十五，来胜。

是刻於魯齋王柏墓搨得原云魯齋王柏
公之墓此爲其首二字也按兩浙防護錄曰王
柏墓柏字會之金華人從朱子門人遊以何基
嘗從黄榦得朱子之傳往從之授以立志居
敬之旨乃作魯齋箴勉之質實堅苦有疑
必質作敬齋箴圖夙興見廟治家嚴飭當
暑閉閣靜坐子弟白事非衣冠不見也少孤事其
伯兄甚恭季弟卒表撫其孤爲麗澤上蔡兩書院
師鄉之耆德皆執弟子禮及卒祭酒楊文仲請于
朝謚文憲國朝雍正二年春奉旨從祀文廟
合祺七賢祠在麗正書院墓在縣西北十里金村
據此書可知王柏墓於有清一代尚能見之後世
境遷墓地已難得其詳矣歲辛卯始於浙師大
正大門南荷花塘重新發見又經多方合力該
墓終得易地修復以便展省云
癸卯六月八日敬爲
武義博物館書跋　吴興庚明

宋鲁斋王公之墓碑

是刻於魯齋王柏墓揭得原云魯齋王柏
公之墓氏為其首二字也按兩浙防護録曰王
柏墓柏字會之金華人從朱子門人遊以何基
嘗從黃榦得朱子之傳往從之授以立志居
敬之旨又作魯齋箴勉之質實堅苦有疑
必質作敬齋箴圖夙興見廟治家嚴飭當
暑閉閣靜坐子弟白事非衣冠不見也少孤事其
伯兄甚恭季弟蚤喪撫其孤為麗澤上蔡兩書院
師鄉之耆德皆執弟子禮及卒祭酒楊文仲請于
朝謚文憲國朝雍正二年春奉旨從祀文廟
合祀七賢祠在麗正書院墓在縣西北十里金村
據此書可知王柏墓於有清一代尚能見之後世
境遷墓地已難得其詳矣歲辛卯始於浙師大
正大門南荷花塘重新發見又經多方合力該
墓終得易地修復以便展省云

癸卯六月八日敬為

武義博物館書跋 吳興庚明

## 宋鲁斋王公之墓碑

画心（碑石）尺寸：高59.0厘米　宽86.0厘米
原石在金华开发区秋滨街道王五元社区公园王柏墓
陈根民跋

### 释文：

鲁斋。

### 跋：

是刻于鲁斋王柏墓拓得，原云“鲁斋王公之墓”，此为其首二字也。按《两浙防护录》曰：“王柏墓。柏字会之，金华人，从朱子门人游。以何基尝从黄干得朱子之传，往从之。授以立志居敬之旨，且作《鲁斋箴》勉之。质实坚苦，有疑必质，作《敬斋箴图》。夙兴见庙，治家严饬。当暑闭阁静，坐子弟白事，非衣冠不见也。少孤，事其伯兄甚恭。季弟蚤丧，抚其孤。为丽泽、上蔡两书院师，乡之耆德皆执弟子礼。及卒，祭酒杨文仲请于朝，谥文宪。国朝雍正二年春，奉旨从祀文庙，合祀七贤祠，在丽正书院。墓在县西北十里金村。”据此书，可知王柏墓于有清一代尚能见之。后世境迁，墓址已难得其详矣。岁辛卯，始于浙师大正大门南荷花塘重新发见。又经多方合力，该墓终得易地修复，以便展省云。

癸卯六月八日，敬为武义博物馆书跋。吴兴庚明。

案是記末曰孫子志道泣血謹記曰宋濂書丹曰烏傷黃溍篆蓋檢諸宋學士文集亦收此記題曰集賢大學士吳公記明嘉靖三十年刻本清同治光緒間刻本均無異言然記云孫子志道泣血謹記則或非宋濂所作故同光間刻本於題下補一代字又宋濂嘗撰元故集賢大學士榮祿大夫致仕吳公行狀較集賢大學士吳公記為詳文云遺言隨地窆但勿使土親膚又以無大功業亦毋乞銘於人以為識者之所訕鄙又言公之子志道及其孫士諤恪奉先戒不敢乞銘於人以濂嘗受業淵穎先生之門而志道又從濂學最久因以事狀惓惓為請濂也不文幸獲受知於公雖契家子姪將容以賓禮見義固不敢辭謹探天下之人所嘗言者為文一通附諸家乘之末如是則此記稱壙記而不命墓志蓋遵先者遺囑記文或亦刪削宋濂所作行狀精作更換而成並署志道之名以符遺囑耶

元人吳直方壙記跋 癸卯夏六月 吳鵬錄於滬上

元吴直方圹记

# 元吴直方坟记

画心（碑石）尺寸：高64.0厘米　宽40.0厘米

原石藏浦江博物馆

吴鹏跋

**释文：**

有元集贤大学士荣禄大夫致仕吴公坟记

先公讳直方，字行可，姓吴氏。其先毗陵人，一迁于鄱，再迁于睦，三迁浦江之新田。唐乾宁初，有讳公养者，又迁县西尊仁里，至先公十五世。曾祖讳闻，赠中奉大夫，福建道宣慰使、护军，追封渤海郡公。妣盛氏，追封渤海郡夫人。祖讳蕃，累赠资善大夫、太常礼仪院使、上护军，追封渤海郡公。妣沈氏，追封渤海郡夫人。父讳伯绍，累赠翰林学士承旨、荣禄大夫、柱国，追封渤国公。妣金氏，追封渤国夫人。

先公自幼有大志，笃意儒学。及壮游京师，主留守马扎儿台家，教其子脱脱及也先帖木儿。元统间，脱脱为御史中丞，以先公尝用说书事明宗于潜邸，奏除江浙等处儒学提举，中书易为副提举，阶将仕佐郎。先公年已六十一矣，未上。御史台改授将仕郎，海北广东道肃政廉访司管勾承发架阁库兼照磨，迁中政院管勾承发架阁库，复升长史，阶咸如故。

重纪至元末，庙堂用事者颇擅威福，上与大臣谋罢其政柄，先公实协赞之。上念其功，召至便殿，锡以黄金系带，超拜集贤直学士，转集贤侍讲学士。未几，升集贤学士。历亚中、中奉、资善三阶大夫。会脱脱入中书为右丞相，国有大政，令多咨先公而后行。先公每引古义告之，言无不听。民被其泽为多。

先公以年及致仕，上章乞骸骨，遂以集贤大学士、荣禄大夫食俸赐终身。俄又赐田一千九百余亩，寻谢不受。先公前娶盛氏，先十七年卒。后娶金、李二氏，金氏封渤国夫人。子男二：长莱，字立夫，延祐庚申以《春秋经》预乡荐，后用御史察举为饶州路长芗书院山长，博学能文，为世闻人，亦先十七年卒。次即志道，崇文监丞，奉训大夫。孙男三：长士谔，婺州路金华县儒学教谕；次士谧，次存仁。曾孙男三：长中，次平，次弇。曾孙女一：申。先公生于宋德祐乙亥十一月二十四日庚寅，薨于有元至正丙申七月十二日庚寅，享年八十有二。卜以是年八月十二日庚申葬德政乡后吴山徐坞之原，距承旨公墓左五十步而近。

呜呼！褒叙令德，是在世之立言君子，非不肖孤所敢僭，姑序世系及历官次第纳诸玄堂，别录其副以藏于家，庶几后人知所考焉。呜呼痛哉！孤子志道泣血谨记。

契家生金华宋濂书丹。翰林侍讲学士、中奉大夫、知制诰、同修国史、同知经筵事乌伤黄溍篆盖。

白沙陈元刊。

有元集賢大學士榮祿大夫□□□□□□□□記

先公諱直方字行可姓吳□□□□□□□一遷于都再遷于睦三遷浦江之新田歷乾寧初有諱

公養者又遷縣西尊仁里至先公五世曾祖諱聞贈中奉大夫福建道宣慰使護軍追封渤海郡公妣

郡公妣盛氏追封渤海郡夫人祖諱蕃累贈資善大夫太常禮儀院使上護軍追封渤海郡公妣

沈氏追封渤海郡夫人父諱伯紹累贈翰林學士承旨榮祿大夫柱國追封渤國公妣金氏追

封渤國夫人先公自幼有大志篤意儒學及壯游京師主留守馬札兒台家教其子脫脫及也先

帖木兒元統間脫脫為御史中丞以先公嘗用說書事

明宗于潛邸奏除江浙等處儒學提舉中書易為副提舉階將仕佐郎先公年已六十三矣未幾

御史臺辟授將仕郎海北廣東道肅政廉訪司管勾承發架閣庫兼照磨遷中政院管勾承發架

閣庫陞長史階□□□□郎至元末廟堂用事者頗擅威福

上與大臣謀罷其政訪先公贊協贊之 上念其功召至便殿錫以黃金繫帶繼拜集賢直

學士轉集賢侍講學士未幾陞集賢學士歷亞中中奉資善三階大夫會脫脫入中書為右丞

相 國有大政令多咨先公而後行先公每引古義以言無不聽民被其澤為多先公以年及

致仕上章乞骸骨遂以集賢大學士榮祿大夫食俸賜終身俄又賜田一千九百畝□辭不受

先公前娶盛氏先十七年卒後娶金李二氏金氏封渤國夫人子男二長萊字立夫延祐庚申以

春秋經預鄉薦後用御史密舉為饒州路長薌書院山長博學能文為世聞人亦先七年卒次

仲□道崇文監丞奉訓大夫孫男三長士爵婺州路金華縣儒學教諭次□□次存仁孫男三

長由次辛次翕曾孫女一申先公生于宋德祐乙亥十一月二十四日庚□□□

有元至正丙申七月十二日庚寅享年八十有二以是年八月十二日庚申葬德政鄉徵吳山

徐塢之原距承旨公墓左五十步而近嗚呼□□令德是在世之立言君子非不肖孫所敢僭始

序世系及歷官次第納諸玄堂別錄其副以藏于家俾後人知所攷焉嗚呼痛哉孤子志道泣

血謹記契家生金華宋濂書丹翰林侍講學士中奉大夫知制誥同脩國史同知經筵

事烏傷黃溍篆蓋

白沙陳元刊

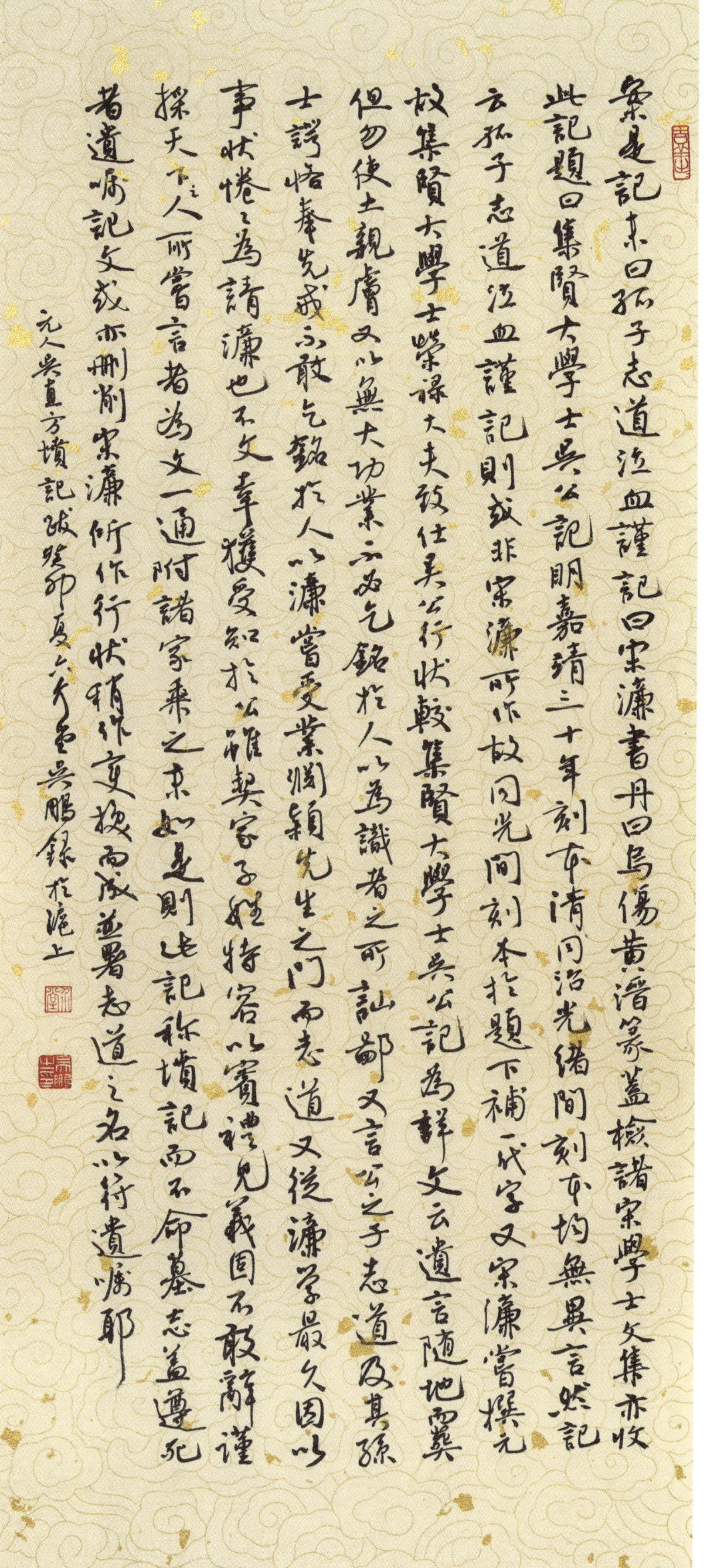

**跋：**

案，是记末曰“孤子志道泣血谨记”，曰“宋濂书丹”，曰“乌伤黄溍篆盖”。检诸《宋学士文集》亦收此记，题曰“集贤大学士吴公记”，明嘉靖三十年刻本，清同治、光绪间刻本均无异言。然记云“孤子志道泣血谨记”，则或非宋濂所作，故同、光间刻本于题下补一“代”字。

又，宋濂尝撰《元故集贤大学士荣禄大夫致仕吴公行状》，较《集贤大学士吴公记》为详，文云：“遗言随地而葬，但勿使土亲肤。又以无大功业，不必乞铭于人，以为识者之所讪鄙。”又言：“公之子志道及其孙士谔恪奉先戒，不敢乞铭于人。以濂尝受业渊颖先生之门，而志道又从濂学最久，因以事状惓惓为请。濂也不文，幸获受知于公，虽契家子姓，特容以宾礼见，义固不敢辞，谨采天下之人所尝言者，为文一通，附诸家乘之末。”如是，则此记称坟记，而不命墓志，盖遵死者遗嘱。记文或亦删削宋濂所作行状，稍作变换而成，并署志道之名，以符遗嘱耶？

元人吴直方坟记跋。癸卯夏，六介堂吴鹏录于沪上。

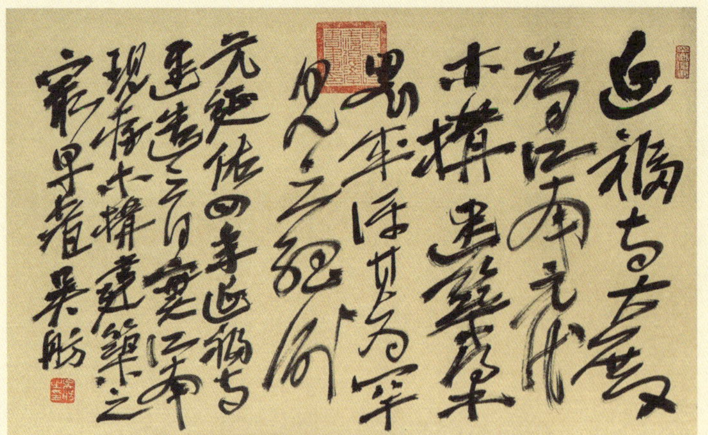

元重修延福院记

## 元重修延福院记

画心（碑石）尺寸：高164.6厘米　宽76.0厘米
原石藏武义县陶溪镇陶村延福寺
吴舫跋

**释文：**

重修延福院记（篆额）

重修延福院记

自浮屠□□盛于天下，其学者尤喜治宫室，穷极侈靡，而求福田之利益也。古教森罗，福利几□，□德果报，不可思议。犹十日并出，物无遁形；百川东归，海无异味。非智眼洞明，安知以福德无是名福德哉！处之丽水应和乡下库源距城百余里，峰峦环秀，泉石辉映，福平左踞，乌石面峙，竹光松色，参错掩映，蜿蜒扶舆。紫翠重复，辇来于前，应接不暇。唐天成二年，因其胜而刹焉，名福田，亦将求利益也。世运江河，率土陵谷，阐厥攸始，莫纪其□。

绍熙甲午，始更名曰延福，赐紫宣教大师守一，彻悟空宗，缁白向敬，规以甲乙，拓其□而新之。地载神气，灵秀续孕，照堂日师挺生百载之下，曳杖负笠，历抵诸方，俯求化施，铢寸累积，归罄衣囊，增大其计，甓坚材良，山积云委。建佛有阁，演法有堂，安□有室，栖钟有楼，门垣廊庑，仓廥庖湢，悉具体焉。妆塑像设，神呵龙负，丹垩金碧，殆无遗功。资贸□田，敷广其业，以滋其众，盖欲其教益盛于古也。

泰定甲子三月初吉，皆山师德环过□曰：吾先太祖日公因旧谋新，四敞是备，独正殿岿然，计可支久，故不改观。岁月悠浸，□复颓圮。先师祖梁慨然嘱永广孙曰："殿，大役也，舍是不先，吾则不武。用率尔众，一乃□□，广其故基，新其遗制。"意气所感，里人和甫郑君亦乐助焉。□□丁巳，空翔地踊，粲然□兴，继承规禁，以时会堂。梵呗清越，铙磬间作，无有高下。酿为醇风，方来衲子。无食息之所者，咸归焉。于以绍先志之不怠也。旧碑已泯，愿谒君记，以征永久。余闻圣教三界惟心，万法惟识，心从境起，境逐心生，非习气幻蕴所累也。养身惠命，福及一切，若田亩□四利之水，长三善之苗耳。兹刹之盛，福利是钟，犹嘉苗之得水，其教安得不益盛于□下哉！时泰定甲子三月朔日丁亥，栝苍后学刘演，是为记。

僧众祖觉、德洪、永绍、本意、心印、心即，知事永广捐己赡匠。当院住持传法沙门德环立石。从仕郎、处州路总管府知事段鹏翼敬书。正议大夫、处州路总管府达鲁花赤兼管内劝农事□篆额。……镌。

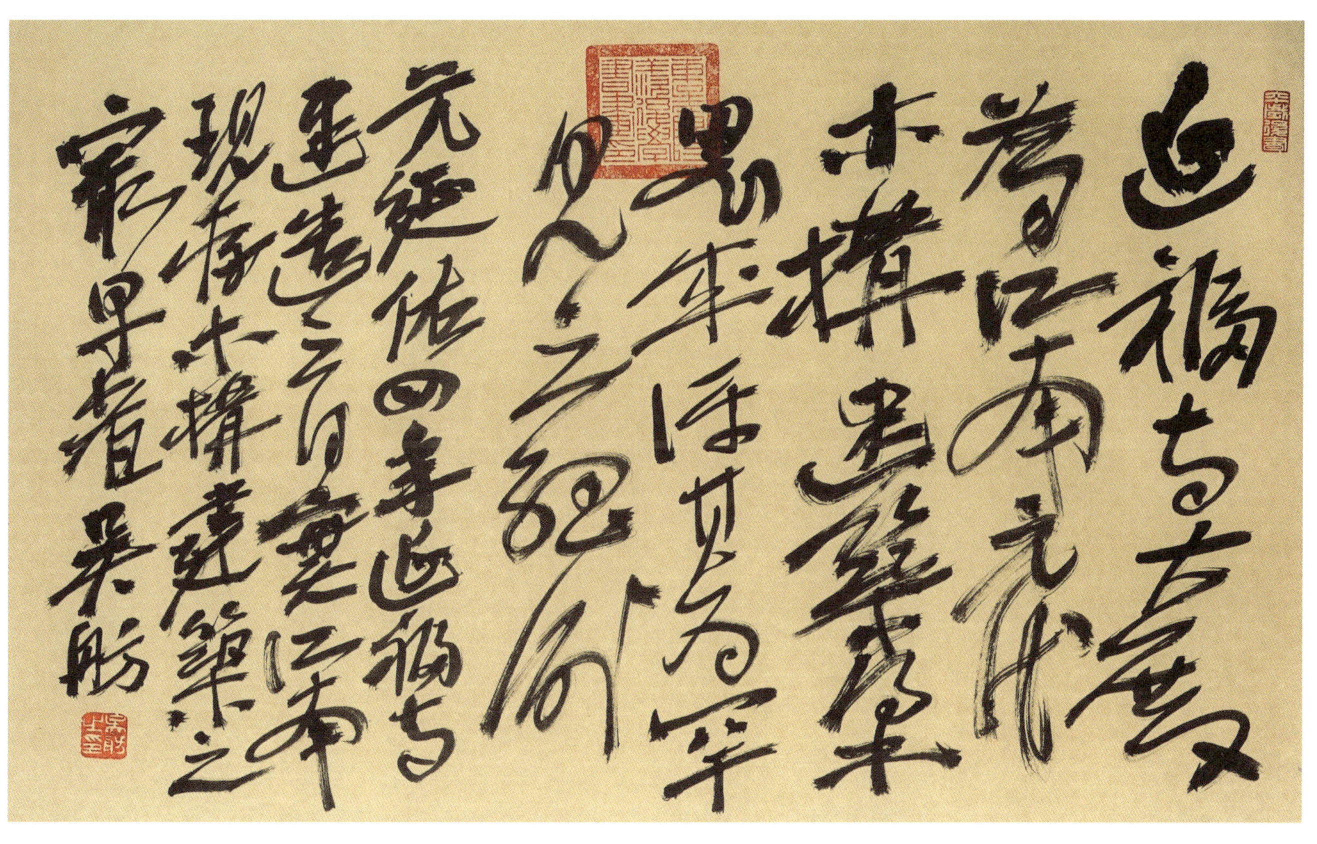

**跋：**

延福寺大殿为江南元代木构建筑，梁思成评其为“罕见之孤例”。元延（佑）［祐］四年，延福寺建造之日，实江南现存木构建筑之最早者。吴舫。

**编者按：**

此碑旧立于延福寺，曾断为二，字迹亦有磨灭者。岁己未，《延福寺志》编撰者于下库王村得旧纸若干，中有《重修延福院记》钞本二种。今取与碑本相校，得可补正碑本者数条，附记于后。“自浮屠”下，钞本作“氏教”。“福利几”下，钞本作“所功”。“犹十日并出”，一本无“十日并”三字。“莫纪其”下，钞本作“极”。“拓其”下，钞本作“旧”。“历抵诸方”下，碑本残损，钞本作“悦”。“演法有堂安”下，钞本作“众”。“资贸”下，钞本作“腴”。“皆山师德环过”下，钞本作“余”。“岁月幽浸”下，钞本作“遽”。“一乃”下，钞本作“心力”。“空翔地踊粲然”下，钞本作“复”。“三界”下，钞本作“惟”。“养身惠命”，一本作“养身为命”。“若田亩”下，钞本作“贮”。“不益盛于”下，钞本作“天”。“知事永广”，钞本作“知寺永广”。“管内劝农事”，一本无“管”字。篆额人名，一本阙。

呂成公之葬明招歲時祭祀不絕按諸縣志所録祭告之文康熙嘉慶兩志僅録宋鄭良臣文嘉靖志則多劉實林沂劉瑞三篇劉瑞所作即是碑也志題告東萊先生呂成公墓文此石下半殘闕嘉靖志刻本亦多殘破取二者互校可互補者甚夥録文如下維正德十四年歲次己卯夏六月癸□朔越二十四日丙戌浙江等處提刑按察司副使劉瑞敢昭告于宋東萊先生呂成公之墓曰嗚呼来乾淳間道學名□□□考亭南軒二夫子公獨友之往復講學劘而下上其議論有古麗澤之風焉故德業之盛追前休範來世卓乎遠矣瑞視學東郡夙懷仰高過公之神道而奠焉禮也惟公鑒之

今予復觀此石雖石花嚴重字蹟或湯滌不清然字跡可辨者亦爲數不少故略爲述之文末有尚饗二字此乃祭文之常例志書未録其一也正德十四年歲次己卯夏六月朔日以越二十四日丙戌推之夏六月朔日當爲癸亥似可補志之闕也此其二碑中篆書祭文之祭字應爲以手持肉而爲獻祭而此肉字省減無據其三也至于文後所跋志所無載又石之殘破不能全識只有數字可讀宋東萊先生金華人自宋淳熙八年辛丑至我皇明正德己卯三百四十年　云云以供識者

公元二零二三年七月二十五日　南翁跋于太原阜園

明祭文碑

## 明祭文碑

画心（碑石）尺寸：高80.0厘米　宽64.5厘米
原石藏武义县博物馆
姚国瑾跋

**释文：**

祭文（篆额）

维正德十四年岁次己卯夏六月癸……副使刘瑞，敢昭告于宋东莱先生吕成公之墓曰：呜呼……公独友之，往复讲劘，而下上其议……来世，卓乎远矣。瑞视学东郡，夙怀……公之神道而奠焉，礼也。惟公鉴之！尚飨！

宋东莱吕先生，金华人，尝……丽自宋淳熙八年辛丑至我皇明正德己卯，三百四十年……五□□□生视学婺州，过……文□□道也。用是勒诸石。……

**跋：**

吕成公之葬明招，其后祭祀不绝。检诸县志所录祭告之文，康熙、嘉庆两志仅录宋郑良臣文，嘉靖志则多刘实、林沂、刘瑞三篇。刘瑞所作，即是碑也，志题“告东莱先生吕成公墓文”。此石下半残阙，嘉靖志刻本亦多残破，取二者互校，可互补者甚夥。录文如下：“维正德十四年岁次己卯夏六月癸□朔，越二十四日丙戌，浙江等处提刑按察司副使刘瑞，敢昭告于宋东莱先生吕成公之墓曰：呜呼来！乾淳间道学名□□□考亭、南轩二夫子，公独友之，往复讲（学）劘，而下上其议论，有古丽泽之风焉。故德业之盛，匹前休，范来世，卓乎远矣。瑞视学东郡，夙怀仰高，过公之神道而奠焉，礼也。惟公鉴之！”

今予复观此石，虽石花严重，字迹或漫漶不清，然字迹可辨者，亦为数不少，故略为述之。

文末有“尚飨”二字，此乃祭文之常例，志书未录，其一也。正德十四年岁次己卯夏六月朔日，以越二十四日丙戌推之，夏六月朔日当为癸亥，似可补志之阙也。此其二。碑中篆书“祭文”之“祭”字，应为以手持肉，示为献祭。而此“肉”字省减无据。其三也。至于文后所跋，志所无载，又石之残破不能全识，只有数字可读：“宋东莱先生金华人”“自宋淳熙八年辛丑至我皇明正德己卯三百四十年”云云，以供识者。

公元二（零）[〇]二三年七月二十五日，南沙翁跋于太原阜园。

吕成公之葬明招其後祭祀不絶按諸縣志所録祭告之文康熙嘉
慶兩志僅録宋鄭良臣文嘉靖志則爲劉寶林沂劉瑞三篇
劉瑞所作即是碑也志題告東萊先生吕成公墓文此石下半
殘闕嘉靖志刻本亦多殘破取二者互校可互補者甚夥録
文如下維正德十四年歲次己卯夏六月癸□朔越二十四日丙
戌浙江等處提刑按察司副使劉瑞敢昭告于宋東萊先
生吕成公之墓曰嗚呼來乾淳間道學名□□□考亭南
軒二夫子公獨友之往復講學劘而下上其議論有古麗
澤之風焉故德業之盛亞前休範來世卓乎遠矣瑞
視學東郡夙懷仰高過公之神道而奠焉禮也惟公
鑒之
今予復觀此石雖石花嚴重字蹟殘漫漶不清其字跡
可辨者亦爲數不少故略爲述之
文末有尚饗二字此乃祭文之常例志書未録其一也正德
十四年歲次己卯夏六月朔日以越二十四日丙戌推之夏六月朔
日當爲癸亥似可補志之闕也此其二碑中篆書祭文之祭字
應爲以手持肉亦爲獻祭而此肉字省減其據其三也至于文
後所跋志所無載又石之殘破不能全識只有數字可讀
宋東萊先生金華人自宋淳熙八年辛丑至我皇明正德己
卯三百四十年云云以供識者
公元二零二三年七月二十五日南山翁跋于太原阜園

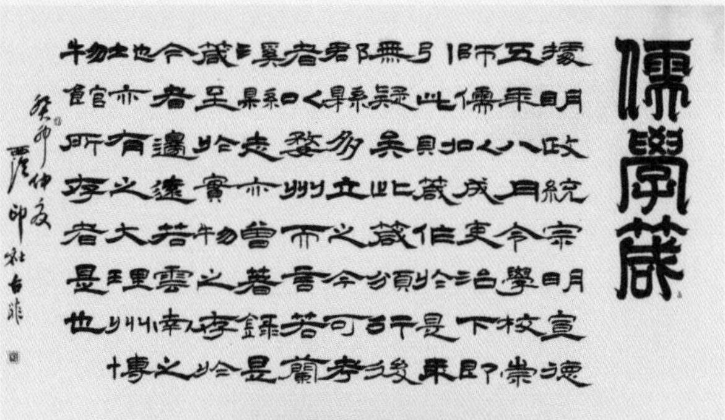

明儒学箴碑

## 明儒学箴碑

画心（碑石）尺寸：高223.0厘米　宽83.0厘米

原石藏武义县博物馆

古菲跋

**释文：**

宣庙御制（篆额）

儒学箴

君国子民，教之育之。有育无教，或沦于夷。置吏俾育，建学俾教。为教之方，本乎师道。清修实践，正学博闻。成己成物，师道用尊。为学之方，体仁由义。诵法周孔，亦致文艺。化民成俗，以善其乡。成德达才，以资于邦。本末循序，用臻实效。勖尔师生，毋忝学教。万历六年三月吉日，武义县儒学立。

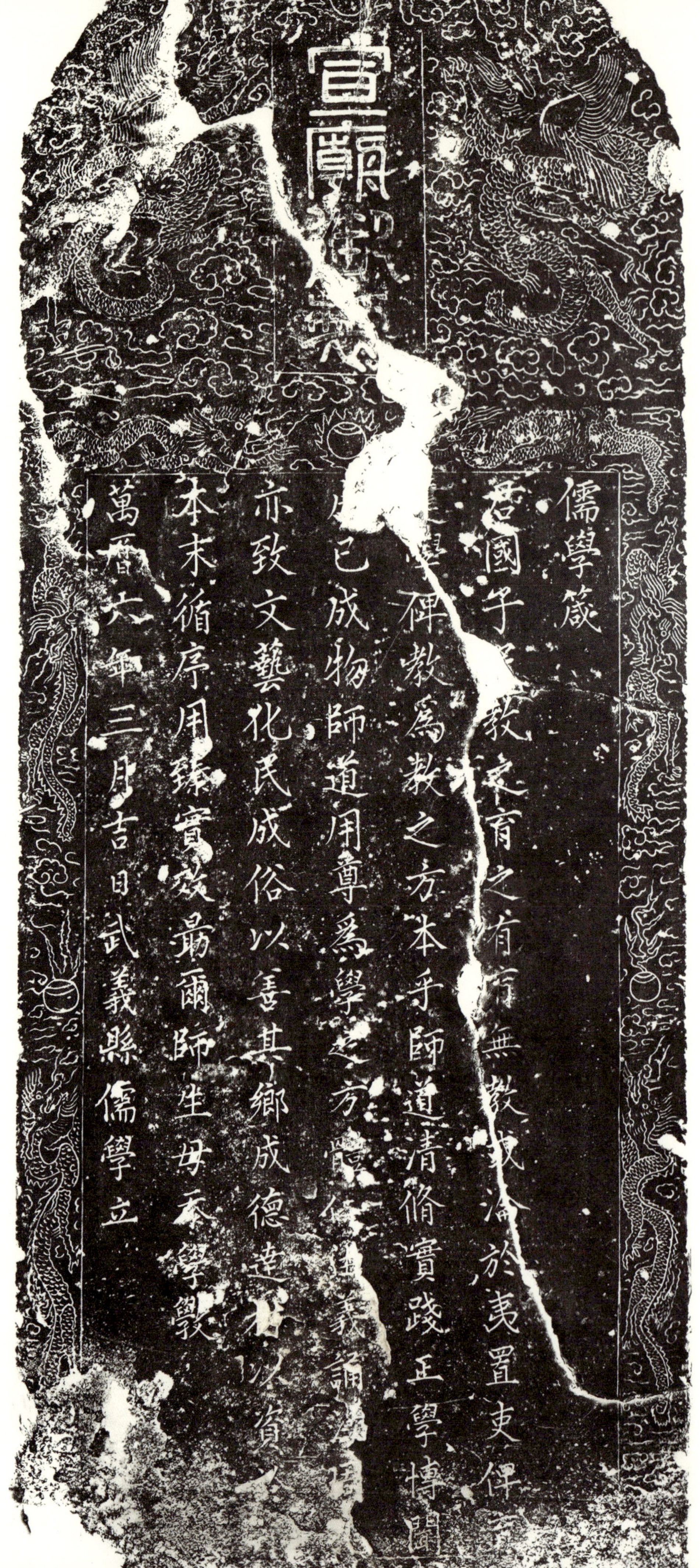
儒學箴
亦致文藝化民成俗以善其鄉成德達
本末循序用臻實效勗爾師生毋忝學斅
萬曆六年三月吉日武義縣儒學立

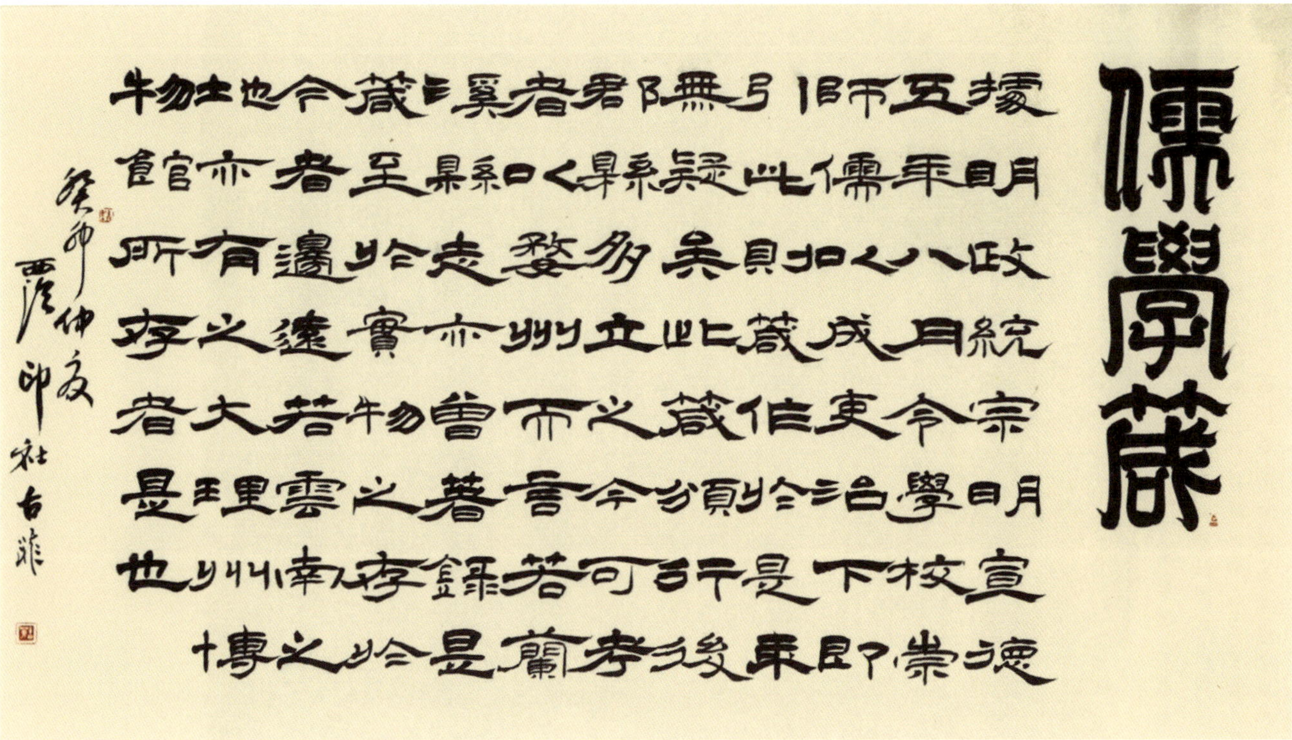

**跋：**

儒学箴。

据《明政统宗》，明宣德五年八月，“令学校崇师儒以成吏治”，下即引此。则箴作于是年，无疑矣。此箴颁行后，郡县多立之。今可考者，以婺州而言，若《兰溪县志》，亦曾著录是箴。至于实物之存于今者，边远若云南之地，亦有之，大理州博物馆所存者是也。癸卯仲夏，西泠印社古菲。

**编者按：**

此碑下部漫漶，据传世文献，有数字缺失，补充如下：“诵法周”下，当为“孔”字，“以资”以下，当为“于邦”。

清建造朱吕祠堂碑记

## 清建造朱吕祠堂碑记

画心（碑石）尺寸：高184.0厘米　宽94.0厘米

原石藏武义县明招山明招讲院碑廊

卢心东跋

**释文：**

建造朱吕祠堂碑记

古今来心学渊源，荷理道之传者，莫盛□□，而集其成于子朱子。当吕文成公之奋兴于东南也，与朱子讲贯之功，切磋恒深，故其□学也，与金溪之冥悟、永康之粗迹毫无所染，而粹然独出于正，抑可谓杰出者矣。武邑□□十余里，曰明招山。其下为惠安寺，晋尚书阮孚舍宅以建者也。其旁则吕成公肄业之地，□子提举西路时，于役之便，与成公讲学不辍，而歌咏钟簴。邑人传之，祠所由建也。余莅□时，肃其地，则一椽片瓦无存者。询其故，盖向有僧某者招致吕氏裔同居，皆不能修，尚□薄荡掷。居无何，而寺之储峙殆尽，既而不胜追呼，遂各逋去，寺与祠俱颓尔废矣。余因□谋于都人士某某，醵金创始，复广募之。凡五载，构前堂三楹，后室三楹，结亭一椽，曰“金□”，志旧迹也。

丁巳秋，学使邓悔庐先生行释奠礼，而余所构之亭甫落成，先生因以“传薪”命□。当此之时，堂宇亭榭焕然一新，皆得之败榛残烬之中，亦可谓苟完矣。余乃详请于□，设主陈几，进邑之先儒巩山堂、栗斋两先生合祀焉。复依向例，取寺田二十三亩为祠□祭田，命公正某掌之。凡二丁之俎豆与墓道之扫除，取之寺中。余田若干亩，命僧某掌□，以赡徒众而备修葺，庶寺与祠相持于不替。后之学者，登其堂，览其山川，瞻其车服礼□，溯理学之渊源，而景行仰止之心庶油然以兴与！余既蒇事，例得书其颠末于珉端，而□之田地山塘与公正之姓氏备著之以示劝，且以告后之司土者，俾有所考焉。时岁在□申乾隆伍年叁月下浣之□，邑使者发干张人崧题。

附记：

祀田共□□□亩，寺田地山塘共拾顷捌拾亩零。

公正：沈惟科、蒋诚、陈兆青、陈好义、沈关泰、何尔立、陈子生、杨尔琼、倪中叶、张承己。

是記又見於何德潤編武川文鈔武川備考碑今裂為二段致有殘缺取何德潤錄文校之斷痕處可補如下莫盛於宋而集切磋恒深故其為學武邑東去十餘里朱子提舉余蒞武時肅其地尚輕薄蕩擲余因急謀於都人士曰金貂志舊蹟也因以傳薪命之請於憲設主為祠堂祭田僧某掌之以贍徒眾車服禮器遡理學而寺之田地山塘歲在庚申下流之吉

癸卯夏月

盧心東記

**跋：**

按，是记又见于何德润编《武川文钞》《武川备考》。碑今裂为二段，致有残缺。取何德润录文校之，断痕处可补如下：莫盛于宋而集、切磋恒深故其为学、武邑东去十余里、朱子提举、余莅武时肃其地、尚轻薄荡掷、余因急谋于都人士、曰金貂志旧迹也、因以传薪命之、请于宪设主、为祠堂祭田、僧某掌之以赡徒众、车服礼器溯理学、而寺之田地山塘、岁在庚申、下（流）［浣］之吉。癸卯夏月，卢心东记。

清重修吕墓并祠堂讲舍记

# 清重修吕墓并祠堂讲舍记

画心（碑石）尺寸：高194.3厘米　宽67.2厘米

原石藏武义县明招山明招讲院碑廊

蓝兴龙跋

**释文：**

重修吕墓并祠堂讲舍记（篆额）

吕氏世为金华人，其葬明招山也，何昉乎？昉于宋太师尚书右臣好问公。迄小东莱伯恭吕成公，凡四世。成公昌明正学，奋起东南。乾道初，频以父母忧庐墓侧。晦庵朱子提举浙东路，率弟子来讲学。自是歌咏钟簴，邑人传之。堂与祠所由建也。宋以来，兴废不可稽。国朝翁教谕嵩年修于康熙廿九年庚午。张邑宰人崧修于乾隆五年庚申。至嘉庆二年，邑绅徐仁美等募修之。道光二年，邑绅王宗孙等重募建造。百年之中，起废盖亦屡矣。祠之中，原祀朱、吕二公。张邑宰以二巩祔之。道光间，朱邑宰绪曾益增祔忠公及洪、张、徐三先生。今之乡先生，复以成公门人可稽者有巩岘、巩嵘，悉增祀焉。

光绪十年冬，余出守金华，其明年乙酉，贤裔东阳吕生世荣上书请修先贤坟墓，反祀田三百亩之被侵者。余韪之，欲并葺其祠，约各邑绅偕往勘议。再返而议不偕。问所难，曰："工巨也，费绌也，成之难而守之不易也。"又明年，余亲临释奠，扶杖登山麓，见狐兔之穴、樵采之蹦，比比然也。讲舍无存，祠宇倾欹，斋房庖湢皆将就□。谘之智觉寺僧，曰："存田五十亩，不足供粮赋，遑计补苴。"余恻然心动，倡以洋□□饼付贤裔东阳吕孝廉铭，使往劝募，专司修墓，再以百饼为倡，以招同志。于是永康应敏斋方伯以二百助，浦江吴贡生上奂以三百助，金华太守曹君愚溪以五十助，共集六百余元，属武义汤贡生瑞椿督匠事，使复祠舍旧规，候补□贰尹宗元望其成。戊子六月工竣，循旧址而建造者：讲舍三楹，厨房三楹，斋房二楹。改其故而新之者：祠□三楹，□□八楹。昔之传薪亭重新之。周垣卑薄，门楣颓废，悉增之廓之。以今视昔，罔有不备。时余适移守杭州，伻□告成，余又□□存之田，其□序□祀也，说武义章氏诸君集资百缗，余与曹君愚溪后益之，得二百缗，存典得息，以供祭祀。每岁以二月十七公诞日为春祭，七月二十九公忌日为秋祭。□□□数订祭品资□□严门规，条□□□继绍庭太守檄县立告，以垂久远，命寺僧典守焉。

事既备，诸君请记其事，乃拜手而言曰：呜呼！斯道之兴废，其天也哉！当成公之振起学术，□□□家，稽诸中原文献之传，参之四方师友之讲论，祖洙泗而宗濂洛，其焯灼纯粹之诣，不待余□。顾当其时，宗蜀学者一家，宗陆学者一家，皆与公同途□□轨□□□虽同源而□□□□恪勤之旨，探冥悟之非。口舌辩论，日与天下苦争，几至□成党□。独公平心易气不事□诞妄在，陶铸同类，渐□气□，论者谓□□之□，非厚诬也。迨其后忠公世其传，何、王、金、许四先生递衍其绪，并为周程世适。明招诸儒□□□明，四百年文献所寄，绵绵勿纪。东南之道大行，非公□学力，其足以

呂氏世為金華人其葬明招山也何昉乎昉於宋太師尚書右丞[illegible]東萊伯恭呂成公凡四世成公倡明正學奮起東南乾道初頗以父母之喪廬墓側

晦菴朱子提舉浙東[illegible]華弟子來講學自是歌詠鐘[illegible]邑人傳之堂與祠所由建也宋以來興廢不可稽國朝翁教諭嵩年修於康熙廿九年庚午張邑宰[illegible]

繼修於乾隆五年庚申至嘉慶二年邑紳徐仁美等募修之道光二年邑紳王宗孫等重募建造百年之中起廢蓋亦屢矣祠之中原祀朱呂二公張邑宰以[illegible]

華樹定道光間朱邑宰緒曾益增祀忠公及洪張徐三先生[illegible]鄉先生復以成公門人可稽者有葉邽葉嶸悉增祀焉光緒十年冬余出守金華其明年乙酉

賢裔東陽呂生世榮上書請修先賢墳墓及祀田三百畝之被侵者余韙其言欲並葺其祠約各邑紳偕往勘議再返而議不諧問所難曰工鉅也費絀也成之難

而守之不易也又明年余親臨釋奠[illegible]講舍[illegible]祠宇[illegible]齋房[illegible]皆將就[illegible]寺僧曰存田五十畝可

之供糧賦[illegible]補苴余惻然[illegible]付[illegible]裔東陽呂孝廉銘使任募[illegible]百餘[illegible]志於是永康應敏齋方伯以[illegible]百助[illegible]

[illegible]

□之欤？非公与朱子同时辩质，切劘讲习讨论，能使正学之传，浚其源而扬其波欤？□□□之惑，□于百里，衍□□□使尧舜以来相传之道，昭然于天下。邹鲁之后，无此之匹。顾孔林列于□□，降而曲阜之篮，端木之楷，皆传之人间，称为宝□独□哉。公读书之地，归藏之方，榛□□□儿□□□童稚□□□□。呜呼！此岂天之丧斯文哉，胡为而至于此也！且余之经营是役也，非曰有其举之无敢□□□使后之生其□者，知公之学即圣贤之大道、天地之纲维、□□之统摄。公之道泯，即圣贤之道泯。道既泯而纲维弛，统摄虚。主诚使松楸所荫，礼器所感□□者□其地□□其□，□其学，延其绪，而圣贤之道不绝□□□，则异日之金华，将变而为宋□□之金华。此又天意所在，剥复循环之理所必有也，岂奢□哉？至于□□荒敛□表明而□□之属，□□□□为之记，不具述于兹。其□田三百亩□于□朝□□世荣者证其籍、验之金石，编为辑录，余特序以存之。而陵谷屡迁，□□辨索前贤且不暇，余固未之□也，以俟后之君子。

赐进士出身、翰林院编修、武英殿提调、国史馆纂修兼□臣□纂修□习、庶吉士、知金华府事、调任杭州府知府后学陈文騄谨撰。

邑增生后学傅良弼谨书并篆额。

**跋：**

按，是记撰成后，即递往武义，以备刻石。何德润代人作《覆陈太守书》，言碑文有可议者，节录如次，以见往复修改之迹。文云："嘉庆二年，邑人徐仁美、汤应祥、林德濂募捐重建，见邑志。道光二年，邑人王宗孙、徐步云、柳仁德、徐经邦捐建，匾额尚存院中。""道光辛丑，朱邑令绪曾增祔洪、张、徐三人，凡旧木主八位。上年，贵同年邓孝廉钟玉考《东莱集》《宋元学案》，邑之为成公门人者，尚有巩岘，巩嵘，郑良臣，刘粹中、美中、允中、时中七人，并制木主，增祔。""再查，成公生日，阮元声所刻《东莱外录》内载《东莱年谱》及大愚所作《圹志》，均作三月十七日，与胡凤丹今刻《东莱集》作二月者不同，未知孰是。以上各节，未识可增入否，俯求采择。又，碑文内有'吕生上书，请反祀田三百亩之被侵者'等句，恐日后吕姓子孙见此心生觊觎，借口争讼，不可不防。可否删去，以绝讼源？谨将碑文元本寄奉，伏乞酌定，觅妥寄下。"癸卯夏月，山客居兴龙。

**编者按：**

揆诸此碑，则嘉庆、道光间重建事，已为补足。而增祀之情，郑良臣，刘粹中、美中、允中、时中诸人未尽书，而以"悉"字总结，或病其繁耶？至"反祀田三百亩之被侵者"之句，未作删改，则无惧后人侵夺之意，凛乎石上。

重建呂成公祠碑記

# 重建呂成公祠碑記

呂成公祖謙字伯恭南宋浙東婺學代表人物東南三賢之一其卒後二十七年州守李大異於光孝觀旁之呂氏舊居重建麗澤書院並設成公祠室端平年間改為呂成公祠後祠屢毁屢建又幾易其址至清光緒二十八年重建於今古子城西北酒坊巷與將軍路交叉口附近惜今亦無存迹此碑為當年重建之重要實證現存於古暢廣碑廊撰文者繼良曾兩任金華知府其在任十一年間尊婺學重文化興書院本人亦善金石書畫有槑鶴堂印譜存世今市區幸存之人文古蹟多有其力主脩繕復興此則碑記盛事文啟後學誠可寶也

岁癸卯文樨應仁山浙學勝地明招山碑拓題跋展之徵作此
武陽後學盧躍軍於借廬南窓

清重建吕成公祠碑记

## 清重建吕成公祠碑记

画心（碑石）尺寸：高192.0厘米　宽70.0厘米

原石藏金华市区八咏楼

蓝跃军跋

**释文：**

重建吕成公祠碑记（篆额）

重建吕成公祠碑文

金华之祀吕成公，当公殁时，门人即祀公于丽泽书院。嗣复即公故居立祠以祭。元大德中，毁于火，遗规故址，荡然无存。明永乐间，公之裔孙以其基舍道流为先考观。嘉靖间，仍复旧基，重建祠宇。后迁于分守道左，即今祠之旧址也。明末被兵。国朝顺治年间，守道周公、毕公捐资重建。后复圮废。康熙十六年，郡守张公复建。今碑记虽半就泯灭，而其创建始末，载于郡县志者，夫固班班可考也。

余维今之书院，即国初之道衙，而丽正之命名，本取义于丽泽，则祀公于书院之间，于礼固宜，而于情亦洽。余三守是郡，喜婺人士之朴，学有古□者风，益叹诸先贤之道德未坠，而成公实开婺学之先声，崇庙宇以报祀之，□后之人，有□观感。此固守土者之责也。顾旧祠剥落泰甚，就原有者□而存之也实难，所不得不撤其旧而新。是谋爰捐廉俸，卜吉日选料鸠工，必详且核□不资不计也。祠□落成□进郡之搢绅先生及书院之肄业生而告以故，且为筹春秋祠祭之费，咸欣欣然愿赞襄其间，因集□□会以□久远。余更捐廉为之倡，合计得洋二百金，发殷实之商家，存本取息，酌置祭品，春秋宜祭之月，集郡人□□祠□而展谒焉。虽公之英灵不必因祠祭而始显，然苟□祠祭以肃静人之观瞻，以感发人之志气，则所以崇励正□者，将何所依赖乎？抑余更有为郡人士告者：余之为此，亦□就心力之所及耳。祠守无久而不圮之理，祀典有□而复坠之时。余深愿后之守此土者，与士君子之生长斯土者，维持之，保护之，则斯祠也，弗以岁久而就湮斯□□，弗以费省而中辍，庶余重建之心，与诸君子赞成之力，亦得以永久弗替也夫。

光绪二十八年岁次壬寅□五月吉日。

诰授荣禄大夫、二品顶戴、道员用三品衔、金华府知府、加三级继良撰上。

□□……

重建吕成公祠堂記

重建吕成公祠碑文 [illegible]

金華之祀吕成公者，公殁時門人郎[illegible]於麗澤[illegible]書院[illegible]復即公故居[illegible]祠[illegible]

然無存。明永樂間，公之裔孫以其基捨道流為[illegible]

故址也。明末燬於兵。

國朝順治年間，守道周公率公捐資重建，後復圮廢。康[illegible]十六年，郡守張公[illegible]

宋載於郡縣志。都夫周旺班所致也。余[illegible]

書院之問於禮，聞其而於情亦[illegible]

實關婺學之光[illegible]

而存之也實難，所不得不撤其舊而新是謀，爰捐[illegible]

進郡之搢紳先生及書院之肄業生而告以[illegible]

久遠，余更捐廉為之倡，合計得洋二百金[illegible]

而屢諮焉。蓋公之英靈不泯，因祠余而[illegible]

者將何所依賴乎？抑余更有望於郡人士[illegible]

而後墜之時，余深願後之守此土者[illegible]

也。[illegible]

光緒二十八年歲次壬寅五月吉日

誥授榮祿大夫二品頂戴道員用[illegible]

# 重建吕成公祠碑記

吕成公祖謙字伯恭南宋浙東婺學代表人物東南三賢之一其卒後二十七年州守李大異於光孝觀旁之吕氏舊居重建麗澤書院並設成公祀室端平年間改爲吕成公祠後祠屢毀屢建又幾易其址至清光緒二十八年重建於今古子城西北酒坊巷與將軍路交叉口附近惜今亦無存迹此碑爲當時重建之重要實證現立於玄暢樓碑廊撰文者繼良曾兩任金華知府其在任十一年間尊婺學重文化興書院本人亦善金石書畫有琴鶴堂印譜存世今市區幸存之人文古蹟多有其力主脩繕復興之功碑紀盛事文啟後學誠可寶也

時癸卯立秋應仁山浙學勝地明招山碑拓題跋展之徵作此 武陽後學藍躍軍於仮廬南窗

**跋：**

重建吕成公祠碑记。

吕成公祖谦字伯恭，南宋浙东婺学代表人物，“东南三贤”之一。其卒后二十七年，州守李大异于光孝观旁之吕氏旧居重建丽泽书院，并设成公祀室。端平年间，改为吕成公祠。后祠屡毁屡建，又几易其址。至清光绪二十八年，重建于吕今古子城西北酒坊巷与将军路交叉口附近，惜今亦无存迹。此碑为当时重建之重要实证，现立于玄畅楼碑廊。撰文者继良，曾两任金华知府，其在任十一年间，尊婺学，重文化，兴书院，本人亦善金石书画，有《琴鹤堂印谱》存世。今市区幸存之人文古迹，多有其力。主修缮复兴之功，碑纪盛事，文启后学，诚可宝也。

时癸卯立秋，应“仁山——浙学胜地明招山碑拓题跋展”之征作此。武阳后学蓝跃军于仅庐南窗。

書院之設關係一地文風非淺故地方官員有志教育者書院是務至其興廢可謂難矣 此宣平縣建於明正統十四年 然書院之立已在三百年之後 爲乾隆四十年 其時已久是創興之難 即創立之後不足百年而有傾覆之虞 是維繫之難 是碑言鰲峰書院復建始末甚詳 可見其難矣 然一地風雅賴不墜者在是 是事雖難能不爲乎

癸卯荷月 武陽張學湖二三草 記於湖半軒燈下

清鳌峰书院碑

## 清鳌峰书院碑

画心（碑石）尺寸：高163.4厘米　宽69.5厘米
原石由武义县柳城镇县后村村民收藏
董三军跋

**释文：**

鳌峰书院碑记（篆额）

宣平于明正统十四年，始分丽水宣慈三乡置为县治。景泰三年，乃立学，其时未有书院也。国朝乾隆庚午，邑令雷公仁育始课士于普照寺，此为书院之权舆。逮乙未，邑令赵详请拨废观田建□□□□□肄业其中。岁戊戌，邑令张公士彦乃即县东街创为书院，以依于鳌头山麓，故名鳌峰书院。厥初肄业□□□□□。自后历任递增，每岁甄别，以定去取，士咸以得与为欣幸焉。道光二十六年秋，余莅任宣平，见书院梁□□□□□欹斜，恐有倾压之虞，急命拆毁，即隐以兴复为己任。其时岁旱成灾，赈务方殷，未遑旁及。明年，秋谷既□□□□□，乃延项坤山、吴栘华两广文，暨合邑绅耆于庭，而属以修建事。众咸默然相视，似有难色。余乃从容酌□□□□□曰："士有书院，犹工之有肆。离室家之扰，收讲习之益，所谓居之安、资之深，吾犹为若等子弟计，岂为之□□□□□为熟计乎？"众皆翕然欣慰，踊跃输捐，有愿独建讲堂者，有愿独建两厢厅者。即日鸠工庀材，拓其围墙，□□□□□构益宏于前，房舍亦增于旧，庖厨湢溷，秩然咸备。工逾一年始竣。余适奉檄调任石门。庚戌春仲，诸绅□□□□□□□□□□□□□□□□□□□□□□□□□□□□□□□□□□□□□□□□□□□□□□□斯院光。而余之相期，则更有进。余惟愿为之师者，以孝弟忠信培其心，以礼义廉耻励其志，而勿徒以文章□□□为虚车。为弟子者，以敦本厚实纯其诣，以明体达用储其材，而勿苟为声誉之求耀乎世俗。则有不朽之人，□□□朽之事。而斯院之名，亦可与鹿洞、爱山并垂不朽，岂不伟哉？是为记。

宣平县知县洋川李盘撰并书。宣平县教谕武城项秉谦、宣平县训导钱塘吴鄂棠、宣平县典史袁江汪应权。董事郑成贤、俞志俊、沈潮、郑怀贤、潘忠清、俞思忠、潘嗣龙、鲍文铨、□□清、俞凤□、潘国□、陈启暄。

書院之設關係一地文風非淺故地方官員有志教育者書院是務然其興廢每謂難矣以宣邑言縣建於明正統十四年然書院之立已在三百年之後為乾隆四十年其時已久是創興之難即創立之後不足百年而有傾覆之虞是維繫之難是碑言鰲峰書院復建始末甚詳尤見其難矣然一地風雅賴不墜者在是是事雖難能不為乎

癸卯荷月武陽孫學湖二〇二三年記於湖米軒燈下

# 鰲峰書院碑記

宣平於明正統十四年始分麗水宣慈三鄉置為縣治景泰三年乃立學其時未有書院也

國朝乾隆庚午邑令雷公仁育始課士於普照寺以為書院之權輿迨乙未邑令趙□詳請撥廢觀田建肄業其中歲戊戌邑令張公士彥乃即縣東街創為書院以依於鰲頭山麓故名鰲峰書院厥初肄業自後歷任遞增每歲甄別以定去取士咸以得與為欣幸焉道光二十六年秋余蒞任宣平見書院傾欹斜恐有傾壓之虞急命拆毀即隐以興復為己任其時歲旱成災賑務方殷未遑及明年秋穀既乃延項坤山吳移華兩廣文暨闔邑紳耆於庭而屬以修建事衆咸默然相視似有難色余乃正容而曰士有書院猶工之有肆離室家之擾收講習之益所謂居之安資之深者猶為若等子弟計豈為之為孰計乎衆皆翕然欣慰踴躍輸捐有願獨建講堂者有願獨建兩廂廳者即日鳩工庀材拓其圍墻構益宏於前房舍亦增於舊包寺而圍□然咸備工逾一年始竣[illegible]斯院光而余之相期則更有進余惟願為之師者以孝弟忠信培其本以禮義廉恥勵其志而勿徒以文章為虛車為弟子者以敦本厚實純其詣以明體達用儲其材而勿苟為聲譽之末耀乎世俗則非不朽之人不朽之事而斯院之名亦可與鹿洞愛山並垂不朽豈不偉哉是為記

宣平縣知縣洋川李盤撰並書

宣平縣教諭武城項秉謙

宣平縣訓導錢塘吳鄒棠

宣平縣典史袁江汪廷輝

董事

鄭成斌　俞志俊　沈潮　鄭懷賢

潘忠清　俞思忠　潘嗣龍　鮑文銓

[illegible]　陳啟暄

**跋：**

书院之设，关系一地文风非浅。故地方官员有志教育者，书院是务。然其兴建，亦可谓难矣。以宣邑言，县建于明正统十四年，然书院之立，已在三百年之后，当乾隆四十年，其时已久，是创兴之难。即创立之后，不足百年，而有倾覆之虞，是维系之难。是碑言鳌峰书院复建始末甚详，亦可见其难矣。然一地风雅，赖不坠者在是。是事虽难，能不为乎？癸卯荷月，武阳后学湖庐三军记于湖半轩灯下。

**编者按：**

是记亦见于光绪《宣平县志》，其文可补此碑之阙者，得数条，录于下："拨废观田建"下，《志》作"书院，俾士子"。"厥初肄业"下，《志》作"生童十八名"。"见书院梁"以下，《志》作"柱朽坏墙壁"。"秋谷既"下，《志》作"登，政静人和"。"乃从容酌"下，《志》作"以酒而诏之"。"子弟计岂为之"下，《志》作"父兄者而勿"。"拓其围墙"下，《志》作"崇其基址，堂"。"房舍亦增于旧"下，《志》作"庖厨湢混咸备"。"庚戌春仲，诸绅"下，《志》作"耆以落成将勒石纪事，谓非余莫创斯议，邮书乞言于余。余思宣平溪山回抱，灵秀钟聚，郁之久者发之奇，必将甲科迭起，以为"。"徒以文章"下，《志》作"之美饰"。"不朽之人"下，《志》作"自有不"。

武義博物館藏民國十年重脩水簾亭碑

水簾亭原為南宋間武義詩人鞏豐所建，位今泉溪鎮金檀山村。亭成後東元晦、呂東萊、陳同甫、諸賢均次第來遊，各有詩詞吟詠，斯亭亦藉而傳焉。今武義博物館唯存斯碑，即以一律應之云：

金檀明招嘉兩間，泉溪不竭聽潺湲。邀來闔七序秋叢，滌散雲羅瞰遠天。元晦真思識浪出，東萊傳語道珠連。邑人知雅傳今古，山保一亭是水簾。

癸卯年夏於古長安雨園書齋　長策

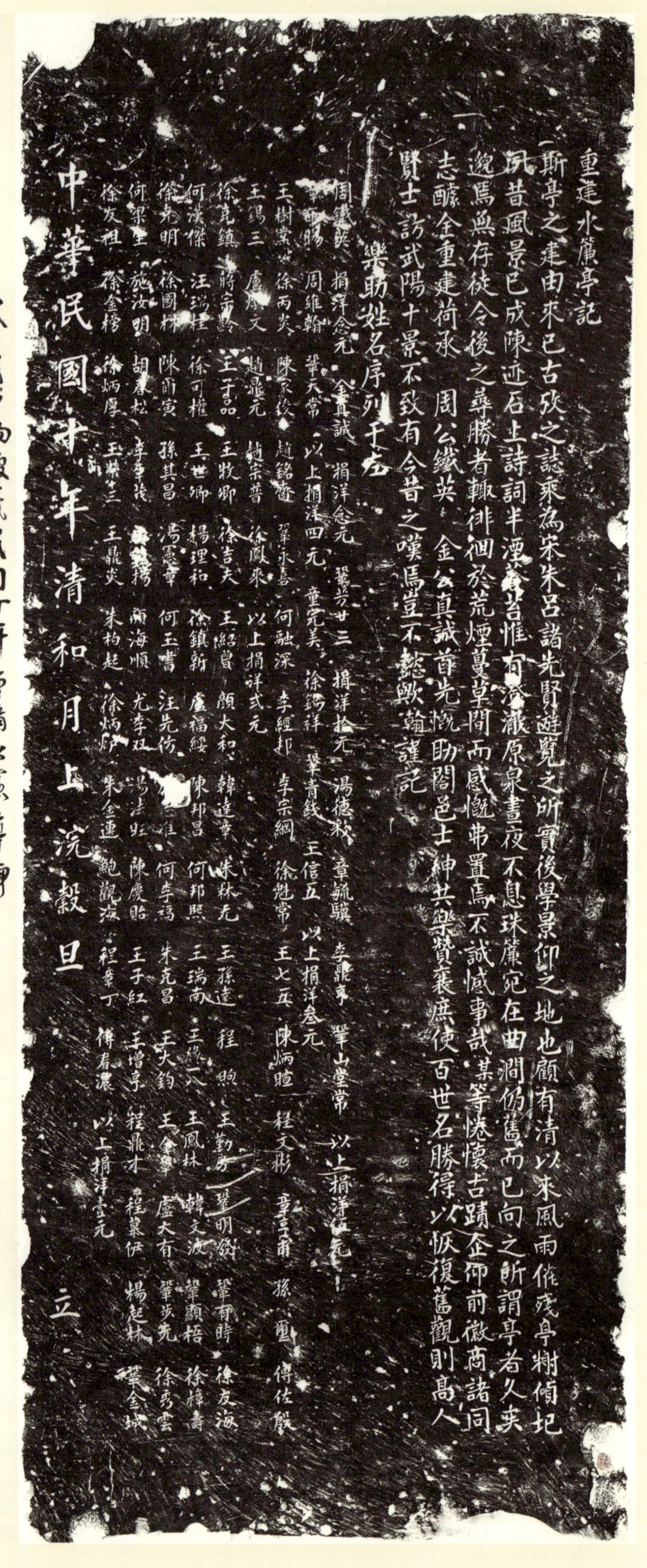

重建水簾亭記

斯亭之建由來已古攷之誌乘為宋朱呂諸先賢遊覽之所實後學景仰之地也顧有清以來風雨侵殘亭榭傾圮夙昔風景已成陳迹石上詩詞半湮[illegible]昔惟有[illegible]瀠原泉晝夜不息珠簾宛在曲澗仍舊而已向之所謂亭者久矣邈焉無存徒令後之尋勝者輒徘徊於荒煙蔓草間而感慨弗置焉不誠憾事哉某等慨懷古蹟企仰前徽商諸同志醵金重建荷承　周公鐵英　金公真誠首先慨助闔邑士紳共樂贊襄庶使百世名勝得以恢復舊觀則高人賢士訪武陽十景不致有今昔之嘆焉豈不懿歟翰謹記

樂助姓名序列于左

周鐵英　捐洋念元　金真誠　捐洋念元　鞏芬廿三　捐洋拾元　湯德穀　章毓驥　李鼎亨　鞏山堂常　以上捐洋伍元

鞏[illegible]暘　周維翰　鞏天常　以上捐洋四元　童完美　徐錫祥　鞏青錢　王信五　以上捐洋叁元

王樹棠　徐丙炎　陳家俊　趙銘齋　鞏永喜　何融深　李經邦　李宗綱　徐魁常　王七五　陳炳暄　程文彬　章亨甫　孫璽　傅佐殷

王錫三　盧煥文　趙鼎元　趙宗普　徐鳳來　以上捐洋式元

徐克鎮　蔣宗齡　王子品　王牧卿　徐吉夫　王紹曾　顏大和　韓達章　朱林元　王孫達　程煦　王勤房　鞏明發　鞏有時　徐友海

何漢傑　汪瑞桂　徐可權　王世卿　楊理和　徐鎮新　盧福綏　陳邦昌　何邦熙　王瑞南　王德一　王鳳林　韓文波　鞏顯梧　徐樟壽

徐堯明　徐國林　陳爾寅　孫其昌　湯憲章　何玉書　汪先傍　[illegible]准　何李福　朱克昌　王大鈞　王金聲　盧大有　鞏步先　徐秀雲

何梁生　施汝明　胡春松　李李茂　[illegible]揚　顏海順　尤李双　湯法旺　陳慶貽　王子紅　王增亨　程鼎才　程慕伊　楊起林　鞏金城

徐友祖　徐金榜　徐炳厚　王榮廿三　王鼎炎　朱柏廷　徐炳炉　朱金連　鮑觀海　程章丁　傅春濃　以上捐洋壹元

中華民國十年清和月上浣穀旦　立

民国重建水帘亭记

## 民国重建水帘亭记

画心（碑石）尺寸：高205.5厘米　宽81.0厘米
原石藏武义县博物馆
李廷华跋

**释文：**

重建水帘亭记。

斯亭之建，由来已古。考之志乘，为宋朱、吕诸先贤游览之所，实后学景仰之地也。顾有清以来，风雨摧残，亭榭倾圮，夙昔风景，已成陈迹；石上诗词，半湮苍苔。惟有澄澈原泉，昼夜不息，珠帘宛在，曲涧仍旧而已。向之所谓亭者久矣，邈焉无存，徒令后之寻胜者辄徘徊于荒烟蔓草间，而感慨弗置焉，不诚憾事哉！某等惓怀古迹，企仰前徽，商诸同志，醵金重建。荷承周公铁英、金公真诚首先慨助，合邑士绅共乐赞襄，庶使百世名胜，得以恢复旧观。则高人贤士，访武阳十景，不致有今昔之叹焉。岂不懿欤？翰谨记。

乐助姓名序列于左：

周铁英捐洋念元。金真诚捐洋念元。巩芳廿三捐洋拾元。汤德彩、章毓骥、李鼎亨、巩山（堂）常，以上捐洋伍元。章雨旸、周维翰、巩天常，以上捐洋四元。童完美、徐锡祥、巩青钱、王信五，以上捐洋叁元。王树棠、徐丙炎、陈家俊、赵铭齐、巩永喜、何融深、李经邦、李宗纲、徐魁常、王七五、陈炳暄、程文彬、章亨甫、孙玺、傅佐殷、王锡三、卢焕文、赵鼎元、赵宗普、徐凤来，以上捐洋贰元。徐克镇、蒋宗龄、王子品、王牧卿、徐吉夫、王绍曾、颜大和、韩达章、朱林元、王孙达、程煦、王勤房、巩明发、巩有时、徐友海、何汉杰、汪瑞桂、徐可权、王世卿、杨理和、徐镇新、卢福绥、陈邦昌、何邦熙、王瑞南、王缘一八、王凤林、韩文波、巩显梧、徐樟寿、徐克明、徐国材、陈尔寅、孙其昌、汤宪章、何玉书、汪先仿、□□准、何李福、朱克昌、王大钧、王金章、卢大有、巩步先、徐秀云、何梁圣、施汝明、胡春松、李辛茂、□□扬、颜海顺、尤李双、汤法旺、陈庆贻、王子红、王增亨、程鼎才、程慕伊、杨起林、巩金城、徐友祖、徐金榜、徐炳厚、王荣十三、王鼎炎、朱柏起、徐炳炉、朱金连、鲍观海、程章丁、傅春浓，以上捐洋壹元。

中华民国十年清和月上浣穀旦。

# 重建水簾亭記

斯亭之建由來已古攷之誌乘為宋朱呂諸先賢遊覽之所實後學景仰之地也顧有清以來風雨侵殘亭榭傾圮夙昔風景已成陳迹石上詩詞半湮蒼苔惟有潑瀫原泉晝夜不息珠簾宛在曲澗仍舊而已向之所謂亭者久矣邈焉無存從今後之尋勝者輙徘徊於荒煙蔓草間而感慨弗置焉不誠憾事哉某等惓懷古蹟企仰前徽商諸同志醵金重建荷承 周公鐵英 金公真誠首先慨助閤邑士紳共樂贊襄庶使百世名勝得以恢復舊觀則高人賢士訪武陽十景不致有今昔之嘆焉豈不懿歟爰謹記

樂助姓名序列于左

周鐵英 捐洋念元 金真誠 捐洋念元 鞏芳廿三 捐洋拾元 湯德穀 章毓驥 李鼎亨 鞏山堂常 以上捐洋伍元

章雨暘 周維翰 鞏天常 以上捐洋四元 童完美 徐錫祥 鞏青錢 王信五 以上捐洋叁元

王樹棠 徐丙炎 陳家俊 趙銘魯 鞏永喜 何融深 李經邦 李宗綱 徐魁常 王七五 陳炳暄 程文彬 章亨甫 孫璽 傅佐殷

王錫三 盧煥文 趙鼎元 趙宗普 徐鳳來 以上捐洋式元

徐克鎮 蔣宗齡 王子品 王牧卿 徐吉夫 王紹曾 顏大和 韓達章 朱林元 王孫達 程煦 王勤房 鞏明發 鞏有時 徐友海

何漢傑 汪瑞桂 徐可權 王世卿 楊理和 徐鎮新 盧福綏 陳邦昌 何邦熙 王瑞南 王綫一八 王鳳林 韓文波 鞏顏梧 徐樟壽

徐克明 徐國林 陳雨寅 孫其昌 湯憲章 何玉書 汪先彷 [illegible]淮 何李福 朱克昌 王大鈞 王金章 盧大有 鞏步先 徐秀雲

何渠生 施汝明 胡春松 李華茂 [illegible]揚 顏海順 尤李双 湯法旺 陳慶貽 王子紅 王增亨 程鼎才 程纂伊 楊起林 鞏金城

徐友祖 徐金榜 徐炳厚 王[illegible]三 王鼎炎 朱柏起 徐炳炉 朱金連 鮑觀海 程章丁 傅春濃 以上捐洋壹元

中華民國十年清和月上浣穀旦 立

**跋：**

武义博物馆藏民国十年重修水帘亭碑。

水帘亭原为南宋间武义诗人巩丰所建，位今泉溪镇金柱山麓。亭成后，朱元晦、吕东莱、陈同甫诸贤均次第来游，各有诗词吟咏，斯亭亦藉而传焉。今武义博物馆嘱题斯碑，即以一律应之云：

金柱明招矗两间，泉溪不竭总潺湲。

邀来国士席秋草，涤散云霾瞰远天。

元晦真思溅浪出，东莱隽语迸珠连。

邑人知雅传今古，山偎一亭是水帘。

癸卯炎夏于古长安雨园书舍，廷华。

斯亭之建由來已古攷之誌乘爲宋朱呂諸先賢遊覽之所實後
夙昔風景已成陳迹石上詩詞半湮蒼苔惟有潺灑原泉晝夜不息
邈焉無存從令後之尋勝者輙徘徊於荒煙蔓草間而感慨弗置
志醵金重建荷承　周公鐵英　金公真誠首先慨助闔邑士紳
賢士訪武陽十景不致有今昔之嘆焉豈不懿歟翰謹記

樂助姓名序列于左

周鐵英　捐洋念元　金真誠　捐洋念元　翬芳廿三　捐洋拾元　湯德毅　章
章海賜　周維翰　翬天常　以上捐洋四元　童完美　徐錫祥　翬青錢　王信
王樹棠　徐丙炎　陳家俊　趙銘鑑　翬永喜　何融深　李經邦　李宗綱　徐
王錫三　盧焕文　趙鼎元　趙宗普　徐鳳來　以上捐洋弍元
徐克鎮　蔣宗懿　王子品　王牧卿　徐吉夫　王紹曾　顏大和　韓達章　朱
何漢傑　汪瑞桂　徐可權　王世卿　楊理和　徐鎮新　盧福綏　陳邦昌　何邦
徐克明　徐國林　陳雨寅　孫其昌　湯憲章　何玉書　汪先彷　□□淮　何
何渠生　施汝明　胡春松　李華茂　□□揚　顏海順　尤李双　湯法旺　陳
徐友祖　徐金榜　徐炳厚　王榮十三　王鼎炎　朱柏超　徐炳炉　朱金連　鮑

中華民國十年清和月上浣

# 附录一：吕祖谦与明招山的渊源

1. 绍兴十六年（1146），吕弸中终于武义县丞吕大伦寓所。

2. 绍兴十七年（1147），槁葬吕弸中于武义明招山。这是吕氏与明招山结缘之始。

3. 绍兴二十三年（1153），吕好问、吕弸中继室文氏由桂林迁葬明招山。

4. 绍兴三十二年（1162）九月，葬妻韩氏于明招山。

5. 乾道三年（1167）正月，母曾氏葬于明招山。除四月往临安省侍外，皆在明招。冬，在明招山，学子来讲习。

6. 乾道四年（1168），自明招归城。

7. 乾道七年（1171）六月十七日，葬妻韩氏于明招。

8. 乾道八年（1172），吕大器葬于明招山，庐墓。

9. 淳熙元年（1174）三月，入明招。四月，从吉。

10. 淳熙二年（1175）春，在明招。七月，自明招入武义之上横，游刘氏山园，有《绿映亭》诸诗。八月，归明招。

11. 淳熙三年（1176）十月二十六日，由明招归。

12. 淳熙六年（1179）九月，葬芮氏于明招。

13. 淳熙八年（1181）七月，去世，十一月葬于明招。

# 附录二：吕祖谦祠堂兴衰

金华：

宋淳熙八年（1181）七月去世，于丽泽书院祭祀。后，于故居立祠祭祀。

元大德中（1297—1307），祠堂毁于火。

明嘉靖间（1522—1566），重建祠堂。

清顺治间（1644—1661），重建祠堂。

康熙十六年（1677），复建祠堂。

光绪二十八年（1902），重建祠堂。

明招山：

宋绍定初（1228—1233），盱江吴应贤始建祠堂。

清康熙二十九年（1690），翁嵩年修。

乾隆五年（1740），张人崧修。

嘉庆二年（1797），邑绅徐仁美等募修。

道光二年（1822），邑绅王宗孙等重募建造。

光绪十四年（1888），陈文禄倡重修。

## 附录三：武义宋元墓志刻工一览

| 刻工姓名 | 刻碑数量 | 刻碑名录 | 刻碑时间 |
| --- | --- | --- | --- |
| 童　义 | 3种 | （1）《刘究墓志铭》（与童锐合刊）<br>（2）《吕大伦圹志》<br>（3）《吕用中妻韩氏圹志》 | 1158—1161年 |
| 童　锐 | 1种 | 《刘究墓志铭》（与童义合刊） | 1158年 |
| 童　逊 | 5种 | （1）《吕忱中妻李氏圹志》<br>（2）《刘邦翰墓志铭》<br>（3）《刘三戒妻阮氏圹志》<br>（4）《刘觉妻蒋氏圹志》<br>（5）《吕荣年圹志》 | 1176—1204年 |
| 卢　璇 | 1种 | 《吕大伦继室程氏圹志》 | 1178年 |
| 龚志崇 | 1种 | 《何渭翁圹志》 | 1206年 |
| 童　渭 | 4种 | （1）《刘鼎臣圹志》<br>（2）《徐邦宪圹志》（与陈杞合刻）<br>（3）《俞梦椿圹志》<br>（4）《刘幼学圹志》 | 1212—1241年 |
| 陈　杞 | 1种 | 《徐邦宪圹志》（与童渭合刻） | 1215年 |
| 童　泳 | 2种 | （1）《刘三戒圹志》<br>（2）《刘鼎臣妻王氏圹志》（与童愿合刻） | 1217—1222年 |
| 童　愿 | 1种 | 《刘鼎臣妻王氏圹志》（与童泳合刻） | 1222年 |
| 童　遇 | 1种 | 《扬蔼妻何氏圹志》 | 1224年 |
| 童　愈 | 3种 | （1）《吕康年妻刘氏圹志》<br>（2）《吕祖忞圹志》<br>（3）《梁兴宗墓志》 | 1235—1272年 |
| 刘　浩 | 1种 | 《徐谓礼妻林氏圹志》 | 1248年 |
| 童原实 | 1种 | 《梁膺圹志》 | 1258年 |
| 童　裕 | 1种 | 《俞处约圹志》 | 1264年 |
| 石经世 | 1种 | 《潘荣祖妻程氏墓志铭》 | 咸淳三年（1267）正月葬，刻碑时间或在此年，或在前一年 |

# 参考文献

1. 黄晖撰：《论衡校释》，中华书局，1990年。

2. 〔唐〕陆贽著，刘泽明点校：《陆贽集》，浙江古籍出版社，2013年。

3. 〔宋〕普济著，苏渊雷点校：《五灯会元》，中华书局，1984年。

4. 〔宋〕吕祖谦撰，黄灵庚等点校：《吕祖谦全集》，浙江古籍出版社，2017年。

5. 〔宋〕陈亮著，邓广铭点校：《陈亮集》，中华书局，1987年。

6. 〔宋〕陈傅良著，周梦江点校：《陈傅良集》，浙江古籍出版社，2022年。

7. 〔宋〕叶适著，刘公纯等点校：《叶适集》，中华书局，2010年。

8. 〔宋〕何基撰，王锟整理：《何北山先生遗集》，上海古籍出版社，2022年。

9. 〔宋〕王柏著，宋清秀、李凤立、方媛整理：《书疑　鲁斋王文宪公文集》，上海古籍出版社，2022年。

10. 嘉庆《武义县志》，清嘉庆刻本、清宣统石印本。

11. 陈玉兰主编：《武义文献丛编·何德润卷》，中华书局，2019年。内含《武川诗钞》《武川文钞》《武川备考》。

11. 〔清〕叶昌炽撰，姚文昌点校：《语石》，浙江大学出版社，2018年。

12. 浙江省文物考古研究所、武义博物馆编，傅毅强、郑嘉励主编：《武义宋元墓志集录》，浙江古籍出版社，2019年。

13. 郑嘉励著：《读墓：南宋的墓葬与礼俗》，浙江人民出版社，2022年。

14. ［美］田浩：《朱熹的思维世界》，江苏人民出版社，2011年。

15. 武义县延福寺修复工作领导小组办公室编：《延福寺史料影印件汇编》，内部影印本。

# 人名索引

（按姓氏笔画排列）

按，本索引所收入的人物，只包含与碑刻直接相关者，如文章撰写人、书碑人、篆盖人、书讳人、志主。其余石刻中提及的人物，不编入索引。另外，相应的刻工，已经另行编录，此处不再重复。

□□成 | 134
马正己 | 123
马光祖 | 123
王长世 | 87
王　柏 | 153
叶　适 | 79
叶广文 | 87
叶允夫 | 137
巩　丰 | 137
巩　桂 | 132
巩　嵘 | 137
巩友说 | 145
巩庭芝 | 91
吕大伦 | 43
吕大伦继室程氏 | 59
吕大猷 | 51
吕大器 | 47 | 51 | 55
吕大器妻曾氏 | 55
吕本中 | 39
吕用中 | 39
吕好问 | 39
吕荣年 | 71
吕祖永 | 59
吕祖俭 | 67
吕祖宪 | 71
吕祖谦妻韩氏 | 63
吕弸中 | 43
吕弸中继室文氏 | 47
朱瞻基 | 167
乔行简 | 123
刘　究 | 91
刘　觉 | 101
刘　瑞 | 163
刘　演 | 159
刘三戒 | 105
刘三戒妻阮氏 | 105
刘邦翰 | 91 | 97
刘龟从 | 87
刘清臣 | 101
刘嗣恭 | 134
阮梦得 | 137
李　盘 | 183
吴　竽 | 145
吴志道 | 155
吴直方 | 155
何　基 | 127 | 149
余伯皋 | 137
沈　枢 | 87
沈季丰 | 87
宋　濂 | 155
张人崧 | 171
张仲梓 | 87
陈　充 | 75
陈　亮 | 145 | 149
陈大序 | 109
陈文騄 | 177
陈孔光 | 87
陈傅良 | 83 | 87
林思纯 | 87
周　价 | 87
郑　侃 | 119
赵永年 | 145
柳德清 | 134
段鹏翼 | 159
洪　迈 | 97
洪　樟 | 97
徐邦宪 | 109
徐谓仁 | 109
徐谓礼 | 113 | 119
徐谓礼妻林氏 | 117
高子莫 | 87
陶祈□ | 134
继　良 | 179
黄　溍 | 155
戚如圭 | 59
韩元吉 | 63
傅良弼 | 177
谢　雩 | 87
谢天锡 | 87
甄良友 | 87
潘有开 | 101
潘荣祖妻程氏 | 127
薛良朋 | 83
魏汉臣 | 131
魏汉臣妻程氏 | 131
魏必大 | 132

# “仁山——浙学胜地明招山”碑拓题跋展题写专家学者名单

（以本书题字出现顺序为次）

**朱关田**：西泠印社副社长、中国书法家协会顾问

**鲍贤伦**：浙江省文史研究馆馆员、浙江省文物局原局长、浙江省书法家协会原主席

**刘正成**：《中国书法全集》主编、《中国书法》杂志社原主编

**何涤非**：西泠印社社员、中国书法家协会理事、浙江省书法家协会副主席兼秘书长

**李　彤**：西泠印社社员，南京艺术学院副院长、博士生导师

**沈　浩**：中国美术学院副院长、博士生导师，浙江省书法家协会副主席

**柳　河**：浙江书法院研究员、浙江省十二届政协文化文史和学习委员会副主任、浙江省文化旅游厅一级巡视员

**邱才桢**：清华大学美术学院书法研究所副所长、博士生导师，中国书法家协会理事

**王　波**：浙江省书法家协会副主席、台州学院教授

**戴家妙**：中国美术学院书法学院教授、中国书法家协会学术委员、浙江省书法家协会副主席

**胡传海**：中国书法家协会原学术委员、《书法》原执行主编

**姜寿田**：中国书法家协会学术委员、河北美术学院教授、《书法导报》副总编

**张其凤**：中国书法家协会教育委员会副主任、南京航空航天大学二级教授、中国标准草书学社副社长

**徐文平**：浙江财经大学中国书画院院长、书法系主任、教授

**崔树强**：华东师范大学美术学院副院长、博士生导师

**田振宇**：西泠印社社员、中国书法家协会会员、嘉兴南湖学院讲师

**方　波**：中国美术学院教授、中国书法家协会学术委员

**陈志平**：中国书法家协会理事、学术委员，暨南大学教授、博士生导师

**池长庆**：浙江大学教授、博士生导师，浙江省书法研究会主席

**曹　建**：中国书法家协会学术委员，西南大学教授、博士生导师

**何国门**：西泠印社社员、中国美术家协会会员、中国书法家协会会员

**郑嘉励**：文旅部优秀专家，浙江省文物考古研究所副所长、研究馆员

**陈一梅**：中国书法家协会女书家委员会委员，上海大学上海美术学院教授、博士生导师

**李　砚**：西泠印社社员、浙江省书法家协会主席团委员

**方爱龙**：中国书法家协会理事兼学术委员会副主任、杭州师范大学教授

**马跃明**：《今日浙江》总编、浙江省书法家协会主席团委员

**赵雁君**：浙江省文史研究馆馆员、浙江省文联副主席、浙江省书法家协会主席

**王伟林**：中国书法家协会理事、学术委员，江苏省书法家协会副主席

**孟庆星**：中国书法家协会理事兼学术委员会秘书长、湖北省文联副主席、湖北省书法家协会主席

**何来胜**：中国书法家协会隶书委员会委员、杭州师范大学副教授

**陈根民**：杭州师范大学副教授，书法史研究学者

**吴　鹏**：上海大学上海美术学院教授、博士生导师

**吴　舫**：浙江省文史研究馆馆员、中国书法家协会第七届理事、金华市书协名誉主席

**姚国瑾**：中国书法家协会学术委员、山西大学教授

**古　菲**：西泠印社社员、中国美术学院艺术学博士

**卢心东**：西泠印社社员、浙江省书法家协会主席团委员、金华市书法家协会主席

**蓝兴龙**：浙江省书法家协会主席团委员、衢州市书法家协会主席

**蓝跃军**：金华市文联主席、中国书法家协会会员

**董三军**：中国书法家协会会员、金华市书法家协会副主席、武义县政协副主席

**李廷华**：四川文化艺术学院中国书法篆刻学院教授，书法史研究学者，作家